INTRODUÇÃO À PSICOLOGIA JUNGUIANA

CALVIN S. HALL & VERNON J. NORDBY

Introdução à Psicologia Junguiana

Tradução de
Heloysa de Lima Dantas

Editora
Cultrix
SÃO PAULO

Título original: Traduzido da edição em inglês de *A Primer of Jungian Psychology*, de C. S. Hall e Vernon Nordby.

Copyright © 1973 Calvin S. Hall e Vernon J. Nordby.

Copyright da edição brasileira © 1980 Editora Pensamento-Cultrix Ltda.

1ª edição 1980 – (catalogação na fonte, 2014).

17ª reimpressão 2020.

Publicado mediante acordo com Dutton Plume, uma divisão da Penguin Putnam Inc.

Esta *Introdução* é dedicada aos sábios e diletos amigos junguianos, C. A Meier, de Zurique; a Jo Wheelwright, de San Francisco, e à memória de C. G. Jung.

CIP-Brasil. Catalogação na Publicação
Sindicato Nacional dos Editores de Livros, RJ

H184i

Hall, Calvin S., 1909-1985.
    Introdução à psicologia junguiana / Calvin S. Hall, Vernon J. Nordby ; tradução de Heloysa de Lima Dantas. – [1. ed. 11. reimpressão] – São Paulo : Cultrix, 2014.

Título de: A primer of jungian psychology.
ISBN 978-85-316-0207-8

1. Jung C. G. (Carl Gustav), 1875-1961. 2. Psicologia junguiana. I. Nordby, Vernon J. II Título.

13-06713
CDD-150.1954
CDU: 159.9.019

Direitos de tradução para a língua portuguesa
adquiridos com exclusividade pela
EDITORA PENSAMENTO-CULTRIX LTDA.
Rua Dr. Mário Vicente, 368 – 04270-000 – São Paulo, SP – Fone: (11) 2066-9000
E-mail: atendimento@editoracultrix.com.br
http://www.editoracultrix.com.br
que se reserva a propriedade literária desta tradução.
Foi feito o depósito legal.

SUMÁRIO

PREFÁCIO	7
1. Carl Gustav Jung (1875-1961)	9
I. Infância e Juventude	9
II. Atividades Profissionais	14
III. Quem era Jung?	22
2. A Estrutura da Personalidade	24
I. A Psique	25
II. Consciência	26
A) O Ego	27
III. O Inconsciente Pessoal	28
A) Complexos	29
IV. O Inconsciente Coletivo	30
A) Arquétipos	33
1. A Persona	36
2. A Anima e o Animus	38
3. A Sombra	40
4. O Self	43
V. Interações entre as Estruturas da Personalidade	45
VI. Resumo	46
3. A Dinâmica da Personalidade	48
I. A Psique: Um Sistema Relativamente Fechado	48
II. Energia Psíquica	50
III. Valores Psíquicos	51
A) Observação Direta e Dedução	53
B) Indicadores de Complexos	53
C) Reações Emocionais	54
D) Intuição	54
IV. O Princípio da Equivalência	55
V. O Princípio da Entropia	58
VI. Progressão e Regressão	63

VII. Canalização da Energia 65
VIII. Resumo 69

4. O Desenvolvimento da Personalidade 70

   I. Individuação 70
   II. Transcendência e Integração 73
      A) O Papel dos Pais 74
      B) A Influência da Educação 75
      C) Outras Influências 76
   III. Regressão 77
   IV. Estágios da Vida 79
      A) Infância 79
      B) Juventude e Início da Maturidade 79
      C) A Meia-Idade 81
      D) Velhice 82
   V. Resumo 83

5. Tipos Psicológicos 84

   I. As Atitudes 85
   II. As Funções 86
   III. Combinações de Atitudes e Funções 88
   IV. Tipos de Indivíduos 89
      A) Tipo do Pensador Extrovertido 89
      B) Tipo do Pensador Introvertido 90
      C) Tipo de Sentimento Extrovertido 90
      D) Tipo de Sentimento Introvertido 90
      E) Tipo de Sensação Extrovertida 91
      F) Tipo de Sensação Introvertida 91
      G) Tipo Intuitivo Extrovertido 91
      H) Tipo Intuitivo Introvertido 92
   V. Considerações Práticas 94
   VI. Resumo 97

6. Símbolos e Sonhos 98

   I. Desenvolvimento 98
   II. Símbolos 102
   III. Sonhos 104
      A) Sonhos em Série 106

7. O Lugar de Jung na Psicologia 110

   Um Guia Para Se Ler Jung 118
   Coletânea de Obras de Jung 121
   Leituras Recomendadas 122

PREFÁCIO

O manual Introdução à Psicologia Freudiana foi publicado em 1954. Escrevi-o tendo em vista apresentar aos estudiosos e ao público algumas idéias referentes à estrutura, à dinâmica e ao desenvolvimento da personalidade normal. Evidentemente, tal livro atendeu ao objetivo visado quando o escrevi, já que vem sendo lido por um número muito grande de pessoas desde a sua publicação.

Alimentamos, durante muitos anos, o desejo de escrever uma introdução do mesmo gênero para as concepções psicológicas de C. G. Jung. Hesitamos, entretanto, pois sentíamos que esse trabalho não encontraria muitos leitores. Excetuando-se uma curiosidade pelas experiências realizadas por Jung com a associação de palavras, e levadas a cabo no início da década de 1900, as quais lhe valeram um convite, a ele endereçado por psicólogos, para pronunciar conferências nos Estados Unidos (1909); e um subseqüente interesse em inventar testes para avaliar os conceitos junguianos de introversão e extroversão, os psicólogos americanos, bem como os psicólogos de outros países, pouca atenção têm concedido a esse psicólogo e psiquiatra suíço, morto em 1961. Em geral, sempre que se detiveram para examinar as suas idéias, fizeram-no para rejeitá-las. Suas críticas têm sido por vezes justificadas; mais freqüentemente, porém, têm-se baseado numa compreensão errônea de Jung.

A responsabilidade por isso cabe em parte ao próprio Jung. Ele foi um escritor discursivo em excesso, o que muitas vezes dificulta o acompanhar-lhe a linha de pensamento. Os seus escritos quase sempre desanimam os leitores devido à erudição que permeia tópicos com os quais poucas pessoas estão suficientemente familiarizadas, e pelos quais elas pouco se interessam.

Nestes últimos anos, começou a surgir um interesse positivo pela psicologia junguiana, particularmente entre os psicólogos mais jovens, os estudantes e o público em geral. Tais pessoas acreditam ter Jung algo importante a dizer sobre o comportamento humano. O *mesmo pensamos nós. Consideramos Jung um dos principais inovadores ou estimuladores do pensamento moderno; ignorá-lo, é privar-se de idéias extremamente pertinentes nestes tempos conturbados. Eis aí o porquê deste livro. Esperamos que ele atinja, no que diz respeito a Jung, o mesmo objetivo atingido pela* Introdução à Psicologia Freudiana *naquilo que dizia respeito a Freud: que ele inicie o leitor nos conceitos junguianos básicos de estrutura, dinâmica e desenvolvimento da personalidade* normal.

Tal como a Introdução a Freud, *este livro é puramente expositivo. Empenhamo-nos em apresentar os conceitos e as teorias de Jung com clareza, simplicidade e precisão. Não lhe tentamos avaliar ou criticar-lhe as idéias, nem as comparamos com as de outros psicólogos e psicanalistas. Abstivemo-nos de considerar as concepções de Jung sobre o comportamento anormal (as neuroses e psicoses) e a psicoterapia. Do mesmo modo, deixamos de discutir a obra de outros psicólogos e psiquiatras junguianos que aderiram ao corpo da psicologia analítica.*

Para escrever esta introdução, utilizamos unicamente as obras publicadas por Jung. Elas foram traduzidas para o inglês e podem ser encontradas numa edição da Princeton University Press em 19 volumes. Todas as citações, salvo as devidamente anotadas, foram extraídas dessa edição das Collected Works *de Jung (veja a página 121). Esperamos que os elementos aqui apresentados estimulem os nossos leitores a consultar essas fontes originais.*

CALVIN S. HALL
VERNON J. NORDBY

Santa Cruz, Califórnia
Julho, 1972

Capítulo primeiro

CARL GUSTAV JUNG (1875-1961)

> "Minha vida é um relato da
> auto-realização do inconsciente."

Em 1957, aos 82 anos de idade, Carl Jung iniciou a redação da autobiografia, em colaboração com a sua secretária particular, Aniela Jaffé. O resultado dessa colaboração, publicado em 1961, no ano da morte de Jung, com o título de *Memories, Dreams, Reflections*, constitui uma avaliação espantosamente franca das forças e influências que lhe moldaram o desenvolvimento intelectual. Em vez de oferecer um relato objetivo de sua vida — se bem que exista algo de semelhante — Jung preferiu analisar e descrever a vida subjetiva ou interior, um universo de sonhos, visões e experiências espirituais.

Para escrever o relato sucinto da vida de Jung a seguir apresentado abastecemo-nos em grande quantidade nesta fonte ímpar. Enfatizam-se as experiências de infância, as quais, na opinião de Jung, foram-lhe decisivas na formação do caráter, das atitudes e dos interesses. Não descuramos, entretanto, os fatos biográficos, pois supomos que o leitor desejará saber quem foi Jung e o que realizou.

I. INFÂNCIA E JUVENTUDE

Carl Gustav Jung, assim chamado em homenagem a seu ilustre avô, um professor de Medicina da Universidade de Basiléia, nasceu no dia 26 de julho de 1875, na pequena aldeia de Kesswill, às margens do Lago Constança, na região nordeste da Suíça. Foi o filho mais velho e o único sobrevivente dos filhos de um pastor suíço reformado. Antes do seu nascimento, dois dos irmãos morreram ainda na primeira infância.

Quando Jung estava com seis meses de idade, o pai foi designado para uma paróquia em Laufen, outra pequena aldeia situada à margem do Reno. Foi ali que a mãe de Jung desenvolveu uma moléstia nervosa, provocada provavelmente por problemas conjugais, e que a forçou a permanecer hospitalizada durante vários meses. O garotinho foi confiado à guarda de uma tia idosa e da criada da família. A tia proporcionou a Jung uma primeira e impressionante visão dos Alpes, vistos da casa paroquial. Os Alpes despertaram-lhe a curiosidade e o menino insistiu em ir até eles imediatamente, mas a tia o convenceu a adiar a viagem. Montanhas, lagos e rios constituíam, e ainda constituem, o habitat natural de toda criança suíça. "Sem a água", comentou Jung, "ninguém poderia viver". A despeito de uma vida intelectual altamente desenvolvida, Jung permaneceu sempre muito ligado à natureza.

A morte também não lhe foi estranha. Com muita freqüência morriam pescadores na perigosa cachoeira e Jung se lembrava nitidamente dos ritos fúnebres: um grande caixão negro ao lado de um buraco fundo, o serviço fúnebre dirigido por clérigos a envergar casacos pretos e altos chapéus igualmente pretos, com os rostos sombrios e frios. Além do pai, oito tios eram párocos, de modo que, quando criança, Jung passou um tempo enorme rodeado de homens sóbrios, vestidos de preto. Durante muitos anos, o aspecto deles inspirou medo ao menino.

A paróquia seguinte, e a última, para onde se transferiu a família Jung foi Klein-Hüningen, aldeia à beira do Rio Wiese, cerca de três milhas distante de Basiléia. Certa vez, rompeu-se o dique, provocando uma enchente que afogou quatorze pessoas. Quando as águas se retiraram, o arrojado Jung, agora com seis anos de idade, correu para fora para observar os danos e encontrou o corpo de um homem meio encoberto pela areia. Noutra ocasião, ficou a olhar um porco que estava sendo morto e retalhado. Essas experiências lhe pareceram extremamente excitantes; deixaram porém perplexa a mãe que considerava pouco saudável um meninozinho interessar-se por acontecimentos tão mórbidos.

O próprio Jung, quando menino, chegou algumas vezes bem perto da morte. Numa ocasião, fez uma brecha na cabeça e ensangüentou os degraus da igreja. Noutra ocasião, quase mergulhou para a morte, da ponte sobre as cataratas do Reno, tendo sido salvo no último momento pela criada da família.

Jung costumava brincar sozinho, pois a irmã só nasceu quando já estava com nove anos. Passava horas a inventar jogos a que se entregava para depois abandoná-los, a fim de inventar outros diferentes e mais complexos. Não suportava críticas nem espectadores, e também não admitia que alguém o perturbasse ou interferisse enquanto estava brincando. Jung não demonstrou nenhum entusiasmo pela irmãzinha recém-nascida; ignorou-lhe a presença e continuou a brincar sozinho. Era então um introvertido e assim se conservou a vida toda.

Os pais de Jung tiveram problemas conjugais desde os mais remotos tempos a que podia chegar a memória da criança, e dormiam em quartos separados. Jung dormia no mesmo quarto que o pai. Lembrava-se de ter ouvido os estranhos e, para ele, misteriosos sons produzidos pela mãe durante a noite. Aqueles ruídos o perturbavam e ele tinha com freqüência sonhos terríveis. Num deles, viu uma figura aproximar-se através da porta do quarto da mãe. A cabeça destacou-se do corpo e flutuou no ar. Surgiu então uma outra cabeça, mas esta também se destacou e desapareceu flutuando.

O pai de Jung mostrava-se muitas vezes irritadiço e de difícil convívio; a mãe padecia de distúrbios emocionais e de depressões. Quando essa situação ultrapassava os limites em que ele a podia tolerar, Jung buscava refúgio no sótão. Tinha ali um companheiro que o consolava e reconfortava: um manequim que esculpira num pedaço de madeira. O manequim proporcionava a Jung intermináveis horas de cerimônias e rituais; juntamente com ele, ficavam escondidos no sótão pactos secretos e miniaturas de rolos de pergaminho. Jung mantinha longas conversas com o manequim e contava-lhe os mais recônditos segredos.

Quando completou onze anos de idade, Jung foi transferido da escola da aldeia para um grande colégio da cidade de Basiléia. Entrou em contato com pessoas que pertenciam a uma classe de muito maior riqueza que a que ele jamais imaginara que pudesse existir. Os cavalheiros de Basiléia viviam em mansões faustosas, falavam um alemão e um francês requintados, e dirigiam lindas carruagens ornamentadas, puxadas por magníficos cavalos. Os filhos, de maneiras delicadas, de roupas elegantes e com muito dinheiro no bolso, eram os novos colegas de Jung. Esses meninos ricos falavam de férias nos Alpes, no Lago de Zurique e outros lugares que Jung ansiava por conhecer. O filho do pároco destituído de fortuna, que freqüentava as aulas calçando meias ensopadas de chuva e sapatos gastos, invejava os companheiros de escola. Jung desenvolveu um sentimento diferente para com os pais e começou até a sentir uma certa compaixão pelo pai, sentimento a que anteriormente estava muito alheado. Ele antes não compreendera até que ponto o pai fora pobre.

Em pouco tempo, a escola pareceu-lhe aborrecida e consumia um tempo excessivo, que Jung achava que poderia mais bem aproveitar lendo assuntos que realmente o interessavam. Considerou as aulas de Religião bastante insípidas e detestava todas as particularidades da Matemática. Desprezava a ginástica, de que ficou dispensado quando começou a apresentar crises de desmaios. Esses ataques neuróticos foram-se tornando mais freqüentes e ele chegou a faltar seis meses à escola. Durante a ausência, entregou-se aos prazeres que colocava acima de tudo: a liberdade de ler o que queria e de explorar a natureza. Mergulhou no misterioso universo das árvores, das pedras, dos animais, dos pântanos — e na biblioteca do pai.

Os pais de Jung preocupavam-se com os desmaios do filho e consultavam um médico depois do outro. O distúrbio permanecia sem diagnóstico, embora um dos especialistas tivesse sugerido que talvez se tratasse de epilepsia, e os remédios prescritos não produziam efeito. Jung vivia numa perfeita bem-aventurança e não considerou com seriedade o seu estado até que ouviu uma conversa do pai com um amigo que lhe perguntava pela saúde do filho. "Os médicos já não sabem dizer o que há de errado com ele. Seria horrível se fosse algo incurável. Perdi o pouco que possuía e o que será do rapaz se ele não puder ganhar a vida?" Jung ficou siderado; a realidade o esbofeteara de repente. A partir daquele momento, a doença desapareceu para sempre. Correu imediatamente para a biblioteca do pai e começou a refrescar os conhecimentos de gramática latina. Voltou à escola e passou a estudar com um afinco de que nunca se considerara capaz. Jung afirma que essa experiência ensinou-lhe realmente o que é uma neurose.

Desde a mais tenra infância, Jung teve sonhos, experiências e sensações que não se atrevia a contar a ninguém. As perguntas relacionadas com a religião eram tabu. "Deve-se acreditar e ter fé", era a resposta que recebia sempre que questionava um conceito religioso. A religião não era o único tema que provocava confusão no espírito de Jung; constituía porém a barreira que lhe tornava virtualmente impossível uma comunicação com o pai. Jung descreveu a sua infância como um período de solidão quase intolerável. "Desta maneira já estava prefigurado o padrão de meu relacionamento com o mundo; hoje, tal como naquela época, sou um solitário." (*Recordações, Sonhos, Reflexões*, título daqui por diante abreviado para RSR, p. 41).

Os conflitos religiosos de Jung persistiram durante toda a adolescência. Buscava inutilmente nos livros respostas para as suas interrogações. Quando essa preocupação se tornava exaustiva, procurava refúgio na leitura de poesias, dramas e História. As discussões religiosas com o pai terminavam invariavelmente de maneira insatisfatória, muitas vezes em brigas e ressentimentos. Esses debates acrimoniosos entristeciam e irritavam o pastor que, ironicamente, anos mais tarde, caiu num conflito religioso muito mais grave que os jamais experimentados pelo filho.

A despeito de suas preocupações de ordem teológica, Jung dedicava muito tempo aos estudos e conseguiu tornar-se o primeiro da classe. A partir dos dezesseis anos, o dilema religioso foi sendo gradualmente substituído por outros interesses, particularmente pela Filosofia. As concepções dos filósofos gregos atraíram Jung mas seu pensador favorito foi Schopenhauer que tratou do sofrimento, da confusão, da paixão e do mal. Ali estava finalmente, pensou Jung, um filósofo suficientemente corajoso para confessar que nem todos os fundamentos do universo são os melhores possíveis. Schopenhauer pintou a vida tal como a viu, e não procurou disfarçar os aspectos indesejáveis da humanidade. Essa mensagem filosófica proporcionou a Jung uma nova perspectiva de vida.

Nessa fase, Jung se transformou, deixando de ser uma pessoa retraída e desconfiada, para se tornar um ser mais agressivo e comunicativo. Sentindo maior confiança em si mesmo, travou algumas amizades e chegou a transmitir alguns de seus pensamentos e opiniões aos novos amigos. Suas idéias foram recebidas com zombaria e hostilidade. Jung compreendeu finalmente que os outros estudantes o repeliam. Fez leituras extensas sobre assuntos que não eram tratados em classe, adquirindo desta maneira conhecimentos a que estavam alheios os colegas. Quando discorria sobre esses tópicos, os colegas, incapazes de compreendê-los, consideravam-no um impostor que extraía da própria imaginação tais teorias e idéias. Alguns dos professores acusaram-no de plágio. Mais uma vez Jung sentiu-se repelido e retirou-se para dentro de si mesmo.

O retrato que Jung fez de si mesmo durante a juventude é o de um solitário, um intelectual livresco, perturbado por questões religiosas e filosóficas, e curioso diante do mundo. Indiscutivelmente, não era um rapaz comum, assim como não se tornaria um homem comum. No entanto, muitos rapazes com temperamento igual ao dele nunca se desenvolvem de modo a se transformarem em seres extraordinários. Permanecem muitas vezes imaturos, tornam-se neuróticos ou dissipam as existências em excentricidades.

II. ATIVIDADES PROFISSIONAIS

Quando estava prestes a concluir o liceu, os pais consultaram-no a respeito da carreira que pretendia seguir. Jung a ignorava. Interessava-se por diversos assuntos mas não estava disposto a se consagrar unicamente a uma matéria qualquer. Os fatos concretos da Ciência o atraíam, porém o mesmo acontecia com o estudo comparado da Religião e da Filosofia. Um de seus tios preconizava ardorosamente a Teologia, mas o pai de Jung o dissuadiu da escolha.

Aproximava-se a época de se inscrever na universidade, e Jung ainda não se decidira por nenhuma profissão. Seu interesse se voltava para quatro setores: Ciência, História, Filosofia e Arqueologia. A Arqueologia foi logo descartada pois a Universidade de Basiléia não oferecia o curso, e faltavam a Jung recursos para estudar fora. Optou finalmente pela Ciência e, logo depois de ter começado a freqüentar as aulas, súbito ocorreu-lhe a idéia de que poderia estudar Medicina. É estranho que não tivesse pensado nisso antes, pois o avô que lhe dera o nome fora professor de Medicina na universidade em que Jung se inscrevera. Jung percebeu que resistira a seguir a profissão do avô por estar determinado a não imitar ninguém. O pai estava em condições de lhe fornecer uma pequena parte do dinheiro para a matrícula; o resto foi emprestado pela universidade.

A sua situação financeira complicou-se quando lhe morreu o pai um ano depois de ter ingressado na universidade. Esta morte o deixou responsável pelo sustento da mãe e da irmã. Alguns parentes insistiram com ele para que abandonasse os estudos e procurasse um emprego. Felizmente, um dos tios ofereceu ajuda financeira e assumiu o encargo da família, enquanto outros parentes emprestaram ao rapaz o dinheiro necessário para continuar na universidade.

Tendo completado um curso de Anatomia, Jung foi nomeado segundo assistente, e no semestre seguinte incumbiram-no do curso de Histologia. Ele ainda conseguia arranjar tempo para continuar a ler Filosofia. Jung passou o terceiro ano tentando resolver se iria especializar-se em Cirurgia ou em medicina interna. Desistiu finalmente da idéia da especialização pois isto exigiria novos cursos para os quais não dispunha de dinheiro.

Nas férias do verão seguinte, ocorreram diversas experiências misteriosas que iriam influir na sua escolha vocacional. Os sonhos, as fantasias e os fenômenos parapsicológicos estavam destinados a desempenhar sempre um papel importante em sua vida, particularmente quando viesse a tomar alguma decisão importante. Desde menino começara a levar a sério as manifestações da mente inconsciente, sobretudo as reveladas através dos sonhos.

A primeira experiência misteriosa aconteceu um dia quando Jung estava estudando no quarto. Ouviu de repente um ruído alto, semelhante a um tiro de revólver. Foi para a sala vizinha, onde a mãe estava sentada a cerca de um metro da grande mesa de jantar. A mesa rachara desde a borda até o centro, na parte sólida da madeira e não ao longo de uma emenda ou linha de junção. Era uma mesa feita de um velho carvalho e a fenda não poderia ter sido produzida por mudança de temperatura, nem pela umidade. Jung sentiu-se perplexo.

A segunda experiência ocorreu uma tarde. Desta vez, foi uma grande faca de pão, colocada dentro da cesta, que se partiu em vários pedaços. Jung levou os pedaços a um cutileiro que exclamou, depois de examiná-los: "Esta faca estava perfeitamente em ordem. O aço não apresenta nenhum defeito. Alguém deve tê-la quebrado de propósito." Muitos anos depois, estando a sua esposa com uma doença fatal, ele retirou os pedaços de um cofre e mandou juntá-los para reconstituir a faca.

Pouco depois desses acontecimentos, Jung começou a freqüentar sessões espíritas e de mesa em casa de parentes todos os sábados à noite. Seu interesse pelo oculto nunca diminuiu, e para sua tese de doutoramento investigou o comportamento de um médium, uma garota de quinze anos que trabalhava nas sessões em casa dos parentes.

Esses fenômenos misteriosos agiram no sentido de dirigir o interesse de Jung para a Psicologia e para a Psicopatologia. Quando voltou para a universidade naquele outono, leu um manual de Psiquiatria de Krafft-Ebing, a fim de se preparar para os exames finais. O primeiro capítulo atingiu-o como o fulgor de um raio; compreendeu imediatamente que a Psiquiatria era o campo que lhe estava destinado. De modo que, aos vinte e quatro anos, Jung finalmente descobriu o campo compatível com os seus interesses, especulações e ambições. Tudo entrou nos eixos.

Os professores ficaram espantados com a sua decisão. Ficaram atônitos ao ver que pretendia sacrificar uma promissora carreira médica por um campo absurdo como o da Psiquiatria. A profissão médica geralmente menosprezava a Psiquiatria: considerava-a um amontoado de coisas sem sentido e tinham o psiquiatra na conta de um indivíduo tão esquisito quanto os pacientes por ele tratados. Como era do seu feitio, Jung manteve-se firme na escolha.

A 10 de dezembro de 1900, Jung assumiu o primeiro cargo profissional como assistente do Hospital Burghölzli de Doenças Mentais, em Zurique. O hospital Burghölzli era o mais famoso hospital de doentes mentais da Europa. O diretor era Eugen Bleuler, famoso em todo o mundo pela maneira de tratar as psicoses e pelo desenvolvimento do conceito de esquizofrenia. Jung reconheceu a sorte que tivera quando lhe foi dada tal oportunidade de estudar e trabalhar sob a orientação de um homem tão célebre.

Também agradou a Jung morar em Zurique depois de passar quase toda a vida na Basiléia, cidade que lhe parecia abafante. Em contraposição, Zurique era a linda cidade à margem do belo lago cercado pelos Alpes com o qual ele sonhara quando criança. Ficaria ali o resto da vida. O jardim de sua casa em Kusnacht, subúrbio de Zurique, dava para o lago. Construiria mais tarde um retiro no outro extremo do lago.

Para se familiarizar com a especialidade escolhida, isolou-se no hospital durante seis meses, observando os pacientes e lendo exaustivamente a literatura psiquiátrica. "Dominando meus interesses e minha pesquisa, havia uma pergunta candente: 'O que se passa realmente no íntimo dos mentalmente doentes?' " (RSR, p. 114). Ele não somente absorveu os ensinamentos de Bleuler como também passou vários meses em Paris em 1902 estudando com o grande psiquiatra francês Pierre Janet.

Mas foi a Sigmund Freud que coube exercer a mais poderosa influência sobre o pensamento de Jung. Ele conhecia os estudos de Freud e de Breuer sobre a histeria, publicados na década de 1890, e lera *A Interpretação dos Sonhos* de Freud quando o livro foi publicado em 1900. Referindo-se a ele, declarou que constituía uma "fonte de iluminação" para os jovens psiquiatras.

Jung casou-se com Emma Rauschenbach em 1903, que foi uma colaboradora do marido até a sua morte ocorrida em 1955.

Em 1905, aos trinta anos, Jung tornou-se conferencista de Psiquiatria na Universidade de Zurique e médico-chefe na Clínica Psiquiátrica, e mantinha uma clínica particular que em breve cresceu de tal forma, que o obrigou a afastar-se de seu cargo na clínica. Continuou a pronunciar conferências sobre Psicopatologia, Psicanálise freudiana e sobre a psicologia dos povos primitivos, na universidade, até 1913.

Enquanto esteve ligado à clínica, Jung manteve um laboratório de pesquisas para investigar as reações psíquicas dos doentes mentais. Para proceder a tais investigações, utilizava o teste da associação de palavras conjugado às expressões fisiológicas das emoções. O teste da associação de palavras consiste na apresentação de uma lista de palavras, uma de cada vez, a um paciente que recebeu instruções para responder com a primeira palavra que lhe vier à mente. Quando a pessoa hesita durante um tempo indevidamente longo antes de responder, ou expressa alguma emoção, quer isso dizer que a palavra atingiu o que Jung denominou um *complexo* na pessoa em questão. Essas investigações de complexos, algumas das quais publicadas em revistas científicas americanas, deram margem a que se lhe firmasse a reputação nos Estados Unidos. O resultado foi um convite para pronunciar conferências sobre os estudos acerca dos testes da associação de palavras, na Clark University, em Massachusets, em 1909. Foi a primeira das muitas viagens que fez aos Estados Unidos, país de que muito gostava.

Entrementes, Jung acompanhava de perto os escritos de Freud e remetia-lhe cópias dos próprios artigos e do primeiro livro, *A Psicologia da Demência Precoce* (1907), no qual sustentava o ponto de vista freudiano, embora com algumas restrições relacionadas particularmente com a importância dos traumas sexuais infantis. Freud convidou Jung a visitá-lo em Viena em 1907. Os dois homens sentiram-se poderosamente atraídos um pelo outro e conversaram ininterruptamente durante treze horas! Começou assim um relacionamento pessoal e profissional destinado a durar seis anos. Mantinham correspondência semanal e em 1909 ambos receberam convites para falar na Clark University, tendo viajado juntos durante sete semanas. Em 1912, Jung voltou aos Estados Unidos para dar aulas na Fordham University sobre a teoria da Psicanálise. Fundada a Associação Psicanalítica Internacional, Jung foi designado, por insistência de Freud, o seu primeiro presidente. Numa carta que escreveu a Jung nessa época, Freud o chama de filho mais velho adotivo, de príncipe herdeiro e sucessor.

Não temos a intenção de examinar aqui as razões que levaram os dois titãs da Psicologia e da Psiquiatria do século XX a romper relações. As causas foram sem dúvida complexas e decisivas ao extremo. Basta dizer que Jung era, e sempre fora, desde a infância, pessoa muito independente e auto-suficiente, e não lhe poderia agradar a idéia de ser discípulo, filho mais velho ou "príncipe coroado" de quem quer que fosse. Pretendia levar adiante a própria linha de pensamento e assim o fez num livro, *Símbolos de Transformação,* que, como bem sabia, custar-lhe-ia a amizade com Freud, como de fato veio a ocorrer. Durante vários meses, essa idéia atormentou Jung de tal forma que ele não conseguiu concluir o último capítulo que intitulou "O Sacrifício". E sacrifício houve.

Terminado o relacionamento com Freud e com a Psicanálise, Jung descreveu-se como um homem imerso num estado de confusão e incerteza interna. Desistiu das conferências na universidade porque sentia que não seria correto de sua parte ensinar aos alunos quando sentia conturbada a própria situação intelectual. Seguiu-se então um "período de recesso" durante o qual Jung não pesquisou, não leu nem escreveu. Durante essa fase, dedicou o tempo à exploração do próprio inconsciente, através da análise de seus sonhos e visões.

Após três anos de inatividade, Jung retomou as lides intelectuais e escreveu um de seus mais belos livros, *Tipos Psicológicos*. Nesse volume, publicado em 1921, Jung não somente analisa as suas divergências com Freud e Adler, outro psicanalista que rompera com Freud, como também, o que foi ainda mais importante, descreveu uma taxonomia dos tipos de caráter, inclusive a célebre distinção entre extroversão e introversão, e entre pensamento e sentimento.

Nessa mesma época, passou a receber regularmente estudantes em casa, para reuniões, e a viajar com mais assiduidade. Foi a Túnis e ao deserto do Saara. Sempre se interessara pela mentalidade dos povos primitivos e tinha agora condições para observá-los *in loco*. Embora desconhecesse a língua nativa daquela gente, observou-lhes os gestos, os maneirismos, as expressões faciais e as reações emocionais. Sentiu-se extremamente enriquecido e esclarecido por essa primeira experiência africana. Antes de viajar novamente para a África, tratou de aprender o swahili. Foi até o coração da África num safári e voltou pelo Egito. Para ele essa viagem significou uma experiência profundamente instrutiva, por ter podido entrar em contato com a mentalidade primitiva e com o inconsciente coletivo. As reminiscências dessa viagem nunca se lhe apagaram da memória, e ele se referia constantemente a ela nos escritos.

Jung viajou para o Novo México a fim de estudar as convicções religiosas dos índios de Pueblo, mantidas no mais rigoroso sigilo. Como as perguntas diretas revelavam-se infrutíferas, Jung recorreu a uma abordagem indireta. Falava de diversos assuntos e observava as reações emocionais. Quando as fisionomias revelavam alguma emoção, Jung sabia que tocara num assunto importante. Fez uso assim de uma adaptação do método da associação de palavras.

Jung sempre se interessara pela religião e pela mitologia orientais, e as viagens à Índia e ao Ceilão reforçaram-lhe o interesse e ampliaram-lhe os conhecimentos. Escreveu muita coisa sobre as diferenças de personalidade entre os orientais e os ocidentais, expressas através dos contrastes entre os diferentes costumes, crenças, práticas religiosas e mitos. Observou que a mente oriental é tipicamente introvertida enquanto a ocidental é predominantemente extrovertida.

Graças à sua amizade com Richard Wilhelm, uma autoridade em cultura chinesa, Jung familiarizou-se com o *I Ching*, um texto antigo que descreve um sistema de adivinhação ou previsão do futuro. Foi também Wilhelm quem aproximou Jung da alquimia, a cujo estudo se dedicou com grande entusiasmo durante muitos anos, chegando a se tornar uma autoridade respeitável nesta matéria pouco corriqueira. Seu livro, *Psicologia e Alquimia*, publicado em 1944, alinha-se entre as suas obras mais importantes.

Jung tem sido com freqüência criticado pelo interesse que alimentava por assuntos cientificamente suspeitos como a alquimia, a astrologia, a adivinhação, a telepatia e a clarividência, a ioga, o espiritualismo, os médiuns e as sessões espíritas, a previsão do futuro, os discos voadores, o simbolismo religioso, as visões e os sonhos. Em nossa opinião, tais críticas não se justificam. Jung não tratava esses assuntos como discípulo ou "crente" e sim como psicólogo. A questão fundamental para ele era descobrir o que esses temas revelavam a respeito da mente, sobretudo o nível da mente a que Jung dava o nome de *inconsciente coletivo*. Jung aprendeu logo no início da carreira que a mente inconsciente revela-se com grande clareza através dos sintomas, verbalizações, alucinações e visões dos pacientes como pôde presenciar no Burghölzli. Descobriria mais tarde que nas pessoas mais normais o inconsciente se manifesta com maior clareza nos chamados fenômenos ocultos, no simbolismo religioso, na mitologia, na astrologia e nos sonhos. Como estudioso do inconsciente, Jung utilizou-se de todas as fontes disponíveis, pouco lhe importando quão extravagantes pudessem parecer aos outros cientistas. Neste ponto, assim como em muitos outros casos, Jung não se submeteu à convenção e à tradição. Todavia, sempre se comportou como cientista ao tratar de tais assuntos.

Na autobiografia, Jung se mostra reticente quanto ao seu relacionamento com a esposa, com as quatro filhas e com o filho. Ao contrário de tantos autores que mais recentemente redigiram autobiografias, ele não se refere nem aos sentimentos nem ao seu comportamento sexual. Declara que lhe parecia essencial a manutenção de uma vida doméstica normal que contrabalançasse o estranho universo interior de sonhos, fantasias e experiências misteriosas. "Minha família e minha profissão constituíram sempre a base na qual podia apoiar-me, e que dizia ser eu uma pessoa realmente viva e comum" (RSR, p. 189). Jung recebia os inúmeros pacientes, muitos dos quais pessoas bem conhecidas e realizadas na vida, e que chegavam de todas as partes do mundo, na bela casa que dava para o lago de Kusnacht.

Em 1922, Jung comprou uma propriedade na parte extrema do lago de Zurique, na aldeia de Bollingen, e nela construiu uma casa de verão. O primeiro bloco era uma forma circular que lembrava o estilo de uma choça africana, com uma lareira no centro e camas dobráveis ao longo da parede. Como tal arrumação revelou-se demasiadamente primitiva, a ela foi acrescentada uma casa convencional de dois andares. A torre circular passou a servir de retiro particular para Jung. A família de Jung não perdia a oportunidade de aproveitar a residência de Bollingen. Ali podiam velejar, cuidar dos jardins e gozar as belezas da natureza. Note-se que todas as casas em que Jung morou desde que nasceu se localizavam à margem de um rio ou de um lago.

No começo de 1944, Jung quebrou o pé e a esse acidente seguiu-se imediatamente uma crise cardíaca. Tendo-se restabelecido, voltou a escrever e passou por um período muito produtivo. Ele atribuiu essa fase tão profícua às muitas visões, aos sonhos e delírios que teve nos meses de convalescença. Os meses passados na cama também lhe deram tempo para organizar os pensamentos e os conceitos.

Após a morte da esposa, ocorrida em 1955, as agradáveis viagens ao retiro de Bollingen foram-se tornando cada vez menos freqüentes. Embora tivesse a seu serviço um jardineiro e uma governanta, as filhas de Jung revezavam-se em Kusnacht para lhe fazer companhia. Aniela Jaffé, a dedicada secretária, vinha diariamente ajudá-lo na enorme correspondência que mantinha com pessoas do mundo todo. A senhorita Jaffé era-lhe indispensável e permaneceu com ele até o dia de sua morte em 6 de junho de 1961.

Como era de se esperar, tratando-se de um homem da envergadura intelectual de Jung, ele foi alvo de inúmeras honras e homenagens. Foi contemplado com inúmeros títulos honoríficos de muitas universidades, notadamente Harvard e Oxford. Gastava com generosidade o tempo, concedendo entrevistas, aparecendo diante das câmaras e na televisão, fazendo palestras e escrevendo artigos de vulgarização, dando resposta a cartas e recebendo pessoas que o visitavam vindas de todas as partes do mundo. Conversava de modo franco com todos, e sem nenhuma afetação, quer se tratasse de pessoas famosas quer de estudantes de liceu. Era uma pessoa democrática ao extremo, sem o menor vestígio de presunção ou de superestimar a própria importância.

Desde a sua morte em 1961, a influência de Jung vem aumentando sempre. É hoje muito maior do que antes o número de pessoas que lêem os seus livros. Suas obras completas, enfeixadas em 19 volumes, podem ser encontradas em tradução inglesa, e muitas delas têm sido publicadas em edições baratas. Ainda não apareceu uma biografia definitiva de Jung.

Os conceitos e métodos de tratamento de Jung têm sido difundidos por instituições de ensino espalhadas por todas as cidades do mundo. A meca da psicologia analítica ainda é Zurique, onde se localiza o Instituto C. G. Jung, fundado em 1948. Alunos de muitos países estudam neste instituto sob a orientação de um corpo docente ilustre. C. A. Meier, considerado o sucessor de Jung, é professor na célebre Escola Tecnológica de Zurique, e tem clínica própria e laboratório de pesquisas. Existe uma Associação Internacional de Psicologia Analítica, bem como organizações nacionais e regionais que promovem a Psicologia Analítica. Embora a Psicologia junguiana não tenha sido adotada nas universidades do modo como o foi a Psicologia freudiana, há indícios de que os psicólogos acadêmicos nos Estados Unidos estão começando a dar mais atenção a Jung. Os estudantes universitários demonstram um interesse bem acentuado por Jung, cujos livros estão lendo em grande quantidade.

Jung relutou em formular de maneira sistemática e abrangente os seus conceitos, preferindo acumular novas observações e obter novas penetrações em lugar de condensar as antigas. Costumava afirmar o desejo de conhecer e compreender os fatos; para ele, as teorias eram apenas tentativas de conjecturas ou suposições, e deviam ser postas de lado sempre que contrariadas pelos duros fatos da realidade.

Ao ler os capítulos seguintes, o leitor deverá ter em mente que os conceitos neles descritos desenvolveram-se com base em inúmeras observações do comportamento de muitos indivíduos postos na situação de franca e total intimidade da situação terapêutica. Além de tais observações colhidas no consultório, Jung estribou-se também no que lhe foi dado aprender nas viagens, nos vastos conhecimentos de mitologia, de religião, de alquimia e de fenômenos sociais e temas ocultos. Não podemos ignorar-lhe a auto-análise, a que ele procedeu durante toda a vida. Já vimos até que ponto era introspectivo, mesmo em criança.

Há ainda um outro aspecto para o qual vale a pena atrair a atenção do leitor. Os conceitos científicos são generalizações a respeito da realidade, e que foram abstraídos a partir de muitas observações concretas. São úteis por chamarem a atenção para aspectos da personalidade e do comportamento compartilhados por todas as pessoas. A maneira pela qual cada um desses conceitos abstratos funciona na personalidade e no comportamento de um determinado indivíduo é o que em essência interessava a Jung. Sentia-se mais atraído para a rica e desnorteante complexidade do caso individual — a pessoa sentada à sua frente no consultório — do que para os conceitos abstratos, para as leis e teorias científicas, embora lhes reconhecesse a necessidade. Jung era um cientista muito bem qualificado, mas também um humanista. O seu interesse pelas pessoas e a preocupação que manifestava em relação a elas independiam do seu desempenho como cientista. Era este um dos motivos por que atraía pessoas de todas as classes sociais.

III. QUEM ERA JUNG?

Que espécie de homem era Jung? Fisicamente, era alto, espadaúdo e forte. Galgava montanhas e velejava com perícia. Gostava de jardinar, de rachar lenha, de burilar a pedra, de construir e de outras atividades manuais. Gostava de jogos. Era um bom garfo, gostava de vinhos, fumava charutos e cachimbo. Era um homem ativo, vigoroso e saudável.

Todos aqueles que estiveram em contato com ele comentaram-lhe a jovialidade, o fulgor dos olhos, a gargalhada alegre e contagiosa, e o extraordinário senso de humor. Era um bom ouvinte, mas também tinha uma boa prosa, e jamais dava mostras de estar apressado ou preocupado. Nas conversas, sabia tolerar pontos de vista diferentes dos seus, mostrava-se flexível ao abordar questões e falava com simplicidade. Preferia um linguajar vernáculo e gostava de entremear as conversas, quando falava com americanos, com expressões de gíria americana. Em sua presença, as pessoas sentiam-se à vontade.

Quem era Jung? Ele estudou Medicina, embora jamais tivesse praticado a clínica geral. Em vez disso, fez-se psiquiatra, a princípio num hospital e numa clínica para doentes mentais; depois, em seu consultório particular. Foi também professor universitário. Esteve por muitos anos intimamente ligado à escola freudiana de Psicanálise.

Depois de romper com Freud, desenvolveu o próprio sistema de psicanálise. Denominou-o a princípio *Psicologia Complexa* e mais tarde *Psicologia Analítica*. Seu sistema incluía não somente um conjunto de conceitos e formulações teóricas mas também métodos para tratar pessoas com problemas psicológicos. Jung não restringia as atividades profissionais ao gabinete de consultas. Aplicou as suas idéias a uma análise crítica de um variado feixe de problemas sociais, de questões religiosas e de tendências da arte moderna. Foi um sábio de impressionante erudição, e lia em inglês, em francês, em latim e em grego com a mesma facilidade com que o fazia em sua língua materna, o alemão. Foi um escritor muito talentoso. A cidade de Zurique concedeu-lhe um prêmio literário em 1932. Foi marido e pai dedicado e um cidadão suíço bem esclarecido. Pertenceu ao Partido Democrático ou de "Liberdade de Pensamento".

Médico, psiquiatra, psicanalista, professor, sábio, escritor, crítico social, homem do lar e cidadão — Jung foi tudo isso. Em primeiro lugar e acima de tudo, entretanto, foi um incansável estudioso da psique. Isto é, foi um psicólogo. E como psicólogo é que ele gostaria de ser lembrado e o será.

Ele disse: "... a finalidade única da existência humana é a de acender uma luz na escuridão do ser."

REFERÊNCIA

JUNG, C. G. *Memories, Dreams, Reflections* (Recordações, Sonhos, Reflexões), Nova York, Vintage Books, 1961.

Capítulo dois

A ESTRUTURA DA PERSONALIDADE

Uma perfeita concepção da personalidade humana propõe-se a fornecer respostas para três séries de perguntas. Quais são os constituintes que compõem a estrutura da personalidade e de que maneira esses componentes interagem uns com os outros e com o mundo exterior? Quais as fontes de energia que ativam a personalidade e de que maneira esta energia se distribui pelos diversos componentes? Como se origina a personalidade e que mudanças nela ocorrem ao longo da existência do indivíduo? Estas três séries de questões podem ser qualificadas, respectivamente, de *estrutural, dinâmica* e *desenvolvimentista.*

Como a psicologia junguiana tenta responder a todas estas questões, podemos considerá-la uma teoria compreensiva da personalidade. Discutiremos, neste capítulo, os conceitos propostos por Jung para descrever a estrutura da personalidade.

Antes disso, diremos algumas palavras a respeito da natureza dos conceitos científicos. Conceito é um nome descritivo, ou um rótulo, aplicado a um grupo de fatos observados e que dizem respeito a algum fenômeno natural, assim como às idéias, inferências ou hipóteses que procuram explicar os fatos observados. Conceito, por conseguinte, é um termo geral ou abstrato. A palavra *evolução,* por exemplo, tal como a concebeu Darwin, refere-se a um conjunto complexo de observações e explicações relacionadas com a origem das espécies. Para compreender um conceito, é preciso ter algum conhecimento das observações nas quais ele se baseia. Quer isto dizer que, ao discutir um conceito, deve-se partir do geral para o particular, isto é: fazer o inverso do que fez o cientista ao formular o conceito. É o que faremos ao descrever os conceitos de Jung. Discutiremos a princípio um conceito em termos gerais, para em seguida propor exemplos concretos.

Os conceitos mais úteis são os que podem ser amplamente aplicados. Os conceitos junguianos apresentam tal característica: todos eles têm um escopo muito vasto. Em virtude desta amplidão, não nos será possível discutir todas as aplicações e ramificações que podem ter. Concitamos o leitor a pensar noutras manifestações do conceito além dos exemplos apresentados. Descobriria que o seu conhecimento da personalidade e da individualidade ficaria muito maior se visse de que maneira os conceitos se expressam em sua própria personalidade e no comportamento de pessoas suas conhecidas.

Os conceitos também apresentam os seus perigos, como percebeu Jung. Um conceito pode desviar ou limitar as nossas observações de tal forma que passamos a ver coisas que *não existem* ou deixamos de ver coisas que *existem*. Eis por que Jung recomendava cautela com um apego exagerado aos próprios conceitos, e por que insistia em defender a prioridade dos fatos observáveis em relação às teorias.

I. A PSIQUE

Na psicologia junguiana, a personalidade como um todo é denominada *psique*. Esta palavra latina significava originalmente "espírito" ou "alma", tendo porém passado, nos tempos modernos, a significar "mente", como em *psicologia,* a ciência da mente. A psique abrange todos os pensamentos, sentimentos e comportamento, tanto os conscientes como os inconscientes. Funciona como um guia que regula e adapta o indivíduo ao ambiente social e físico. "A Psicologia não é Biologia nem Fisiologia, nem qualquer outra ciência: é apenas este conhecimento da psique." (*Collected Works* (Obras Completas), vol. 9i, p. 30.)

O conceito de psique sustenta a idéia primordial de Jung de que uma pessoa, em primeiro lugar, é um todo. Não uma reunião de partes, cada uma das quais foi sendo acrescentada pela experiência e pelo aprendizado, do mesmo modo como poderíamos mobiliar uma casa peça por peça. Este conceito de um todo original da personalidade talvez parecesse óbvio e cediço não fosse o fato de muitas teorias psicológicas afirmarem, ou implicarem em que a personalidade do homem vai sendo adquirida aos poucos e que somente mais tarde, quando isto chega a acontecer, aparece um tipo qualquer de unidade coerente e organizada. De modo explícito, Jung rejeita tal concepção fragmentária da personalidade. O homem não luta para se tornar um todo; ele já é um todo, ele nasce como um todo. O que lhe cabe fazer durante a existência, afirma Jung, é desenvolver este todo essencial, até levá-lo ao mais alto grau possível de coerência, diferenciação e harmonia, e velar para que ele não se fracione em sistemas separados, autônomos e conflitantes. Uma personalidade dissociada é uma personalidade deformada. O trabalho de Jung como psicanalista consistia em ajudar os pacientes a recuperar a unidade perdida e a fortalecer-lhes a psique para que ela pudesse resistir a qualquer futuro desmembramento. De modo que, para Jung, a meta suprema da psicanálise é a psicossíntese.

A psique compõe-se de numerosos sistemas e níveis diversificados, porém interatuantes. Podem-se distinguir três níveis na psique. São eles: a *consciência*, o *inconsciente pessoal* e o *inconsciente coletivo*.

II. CONSCIÊNCIA

A consciência é a única parte da mente conhecida diretamente pelo indivíduo. Aparece logo cedo na vida, provavelmente antes do nascimento. Quando se observa uma criancinha, pode-se notar uma percepção consciente a operar enquanto a criança reconhece e identifica os pais, os brinquedos e os demais objetos que a cercam. Esta percepção consciente cresce diariamente por força da aplicação das quatro funções mentais que Jung denominou *pensamento, sentimento, sensação* e *intuição*. A criança não utiliza estas quatro funções na mesma proporção; em geral, vale-se muito mais de uma função que de outras. A utilização predominante de uma dessas quatro funções é o que diferencia o caráter básico de uma criança do de outra. Quando, por exemplo, uma criança pertence predominantemente ao tipo *pensativo*, seu caráter será significativamente distinto do caráter de uma outra criança que pertença de modo predominante ao tipo *sensitivo*.

Além destas quatro funções mentais, existem duas atitudes que determinam a orientação da mente consciente. Estas atitudes são a *extroversão* e a *introversão*. A atitude extrovertida orienta a consciência para o mundo externo, objetivo; a atitude introvertida orienta a consciência para o mundo interior, subjetivo. (Voltaremos a falar destas funções e atitudes no quinto capítulo.)

O processo graças ao qual a consciência de uma pessoa se individualiza ou se diferencia da de outras é conhecido pelo nome de individuação. A individuação desempenha um papel primordial no desenvolvimento psicológico. (Veja o capítulo quatro.) Jung escreveu: "Utilizo o termo 'individuação' para indicar o processo por meio do qual uma pessoa se torna um 'in-divíduo' psicológico, isto é, uma unidade, ou um 'todo' separado e indivisível." (vol. 9i, p. 275.) A meta da individuação é conhecer a si mesmo tão completamente quanto possível; ou a autoconsciência. De acordo com a moderna terminologia, isto seria denominado de consciência em expansão. "Em última análise", escreveu Jung, "o fator decisivo é sempre a consciência" (MSR, p. 187). A individuação e a consciência caminham *pari passu* no desenvolvimento da personalidade; o início da consciência é também o início da individuação. Com a consciência crescente há também maior individuação. A pessoa que se mantém esquecida de si mesma e do mundo que a cerca não pode ser uma pessoa muito individualizada. Do processo de individuação da consciência decorre um novo elemento a que Jung deu o nome de *ego*.

A) O EGO. Ego é o nome dado por Jung à organização da mente consciente; e que se compõe de percepções conscientes, de recordações, pensamentos e sentimentos. Embora ocupe uma pequena parte da psique total, o ego desempenha a função básica de vigia da consciência. A menos que o ego reconheça a presença de uma idéia, de um sentimento, de uma lembrança ou de uma percepção, nada disto pode chegar à consciência. O ego é altamente seletivo. Assemelha-se a uma destilaria: muito material psíquico é levado a ele, porém muito pouco sai dele, ou nele atinge o nível da plena consciência. No dia-a-dia vemo-nos sujeitos a um grande número de experiências, a maioria das quais não se tornam conscientes porque o ego as elimina antes que atinjam a consciência. Tal função é importante porque, caso contrário, ficaríamos assoberbados pela massa do material acumulado na consciência.

O ego fornece à personalidade identidade e continuidade, em vista da seleção e da eliminação do material psíquico que lhe permite manter uma qualidade contínua de coerência na personalidade individual. É graças ao ego que sentimos hoje sermos a mesma pessoa de ontem. Sob este aspecto, a individuação e o ego atuam intimamente ligados a fim de desenvolver uma personalidade distinta e persistente. A pessoa só poderá individualizar-se na medida em que o ego permitir que as experiências recebidas fiquem conscientes.

Como se determina o que o ego irá permitir que se torne consciente e o que será rejeitado? Isto, em parte, é determinado pela função dominante. Se uma pessoa é do tipo sensitivo, o ego permitirá que chegue à consciência um número maior de experiências emocionais. Se pertence ao tipo pensativo, os pensamentos poderão chegar à consciência mais facilmente que os sentimentos. Isto se deve em parte à quantidade de angústia que a experiência suscita no ego. Idéias e lembranças provocadoras de angústia estão sujeitas a não conseguir passagem para a percepção (consciência). Isto se deve em parte ao nível de individuação atingido. O ego de uma pessoa altamente individuada permitirá que um maior número de coisas se torne consciente. Mas também se deve em parte à intensidade da experiência. As experiências muito fortes podem forçar a entrada pelas barreiras do ego, enquanto as mais fracas são facilmente repelidas.

III. O INCONSCIENTE PESSOAL

O que acontece às experiências que não obtêm a aceitação do ego? Não desaparecem da psique, porque nada do que foi experimentado deixa de existir. Ficam, pelo contrário, armazenadas no que Jung denominou *inconsciente pessoal*. Este nível da mente é contíguo ao ego. É o receptáculo que contém todas as atividades psíquicas e os conteúdos que não se harmonizam com a individuação ou função consciente. Ou então foram experiências outrora conscientes que passaram a ser reprimidas ou desconsideradas por diversos motivos, como por exemplo um pensamento entristecedor, um problema não resolvido, um conflito pessoal ou um problema moral. Ficam muitas vezes esquecidos, simplesmente porque não eram importantes ou porque assim pareceram na época em que foram experimentados. Todas as experiências fracas demais para atingir a consciência, ou para nela permanecer, ficam armazenadas no inconsciente pessoal.

Os conteúdos do inconsciente pessoal, de modo geral, têm fácil acesso à consciência quando surge tal necessidade. Alguns exemplos podem esclarecer este trânsito de duplo sentido entre o inconsciente pessoal e o ego. Uma pessoa sabe os nomes de muitos amigos e conhecidos. Naturalmente, tais nomes não permanecem o tempo todo presentes na consciência mas estão à disposição sempre que necessário. Onde ficam quando não estão na consciência? Estão no inconsciente pessoal, que atua à maneira de um complicado sistema de abastecimento ou como um banco da memória. Outro exemplo: podemos aprender ou observar uma coisa qualquer que, no momento, tenha para nós pouco ou nenhum interesse. Anos mais tarde, esta coisa poderá se tornar muito importante e ser chamada do inconsciente pessoal. Experiências que passaram despercebidas durante o dia podem aparecer num sonho na noite do mesmo dia. Na realidade, o inconsciente pessoal desempenha um papel importante na produção dos sonhos.

A) COMPLEXOS. Uma característica muito interessante e relevante do inconsciente pessoal é a possibilidade de reunião de conteúdos para formar um aglomerado ou constelação. Jung deu-lhes o nome. de *complexos*. A primeira comprovação da existência dos complexos foi obtida por Jung por meio da aplicação do teste de associação das palavras. Lembremos nossa análise deste teste no capítulo anterior quando dissemos que alguém lê uma lista de palavras, uma de cada vez, enquanto outro recebe instruções para responder com a primeira palavra que lhe vier à mente. Jung observou que a pessoa levava por vezes muito tempo para responder. Quando inquirida a respeito do motivo da demora, mostrava-se incapaz de explicá-la. Jung supôs que a demora fosse provocada por alguma emoção inconsciente que inibia a resposta. Explorando mais a fundo a questão, verificou que outras palavras relacionadas com a que provocara a demora também provocavam demoradas reações. Raciocinou que deviam existir grupos de sentimentos, pensamentos e lembranças (complexos) no inconsciente. Qualquer palavra que atingisse o complexo provocaria uma resposta retardada. Um estudo posterior de tais complexos demonstrou constituírem como que pequenas personalidades separadas na personalidade total. São autônomos, possuem a força propulsora própria, e podem atuar de modo intenso no controle de nossos pensamentos e comportamentos.

Foi graças a Jung que a palavra *complexo* passou a fazer parte do nosso vocabulário. Dizemos de uma pessoa que ela tem um complexo de inferioridade, ou um complexo relacionado com o sexo, o dinheiro, "a geração mais nova" ou com outra coisa qualquer. Estamos todos familiarizados com o complexo de Édipo descrito por Freud. Quando afirmamos que uma pessoa tem um complexo queremos dizer que vive tão intensamente preocupada com uma coisa que dificilmente consegue pensar noutra. No jargão atual, este indivíduo tem uma "mania". Um forte complexo é facilmente percebido por outras pessoas, embora quem o tem talvez não o perceba.

Um exemplo descrito por Jung é o *complexo materno*. A pessoa dominada por um forte complexo materno é extremamente sensível a tudo que a mãe diz ou sente, e a imagem dela estará para sempre gravada em sua mente. Este indivíduo tenta incluir a mãe ou alguma coisa com ela relacionada em todas as conversas possíveis, haja ou não cabimento para tal procedimento. Dará preferência às histórias, aos filmes e aos acontecimentos nos quais as mães desempenham papel de relevo. Ficará na expectativa do Dia das Mães, do aniversário da mãe e de ocasiões que lhe dêem um pretexto para homenageá-la. Tende a imitar a mãe adotando-lhe as preferências e interesses, e sentir-se-á atraído pelos conhecidos dela. Prefere a companhia de mulheres mais velhas à de mulheres da própria idade. Quando criança, é um "filhinho da mamãe"; quando adulto, continua "amarrado à saia da mãe".

A maioria dos complexos observados por Jung provinha de seus pacientes, e ele compreendeu que os complexos tinham a ver de modo acentuado com a condição neurótica deles. "Uma pessoa não tem um complexo: o complexo é que a tem." Um dos objetivos da terapia analítica é eliminar os complexos libertando a pessoa da tirania deles.

Todavia, como Jung viria a descobrir, um complexo não tem de ser necessariamente um obstáculo ao ajustamento de uma pessoa. Na verdade, é justamente o contrário. Eles podem ser, e freqüentemente o são, fontes de inspiração e de impulso, essenciais para uma realização digna de nota. Por exemplo: um artista obcecado pela beleza só se contentará com a realização de uma obra-prima. Produzirá muitas obras de arte, aprimorando a técnica e aprofundando a consciência no afã de produzir algo de sublime beleza. Lembremo-nos de Van Gogh, que dedicou à arte os últimos anos de vida. Era como que um homem possuído e sacrificou tudo, inclusive a saúde e até a vida, à pintura. Jung fala da "paixão implacável pela criação" que domina o artista. "Ele está fadado a sacrificar a felicidade e tudo que torna a vida digna de ser vivida para o ser humano comum." (Vol. 15, pp. 101-102.) Esta luta pela perfeição deve ser atribuída a um forte *complexo*; um complexo *fraco* limitaria o indivíduo à produção de obras medíocres ou inferiores, ou mesmo a nada.

Como se originam os complexos? A princípio, influenciado por Freud, Jung estava propenso a acreditar que têm origem nas experiências traumáticas da primeira infância. Por exemplo: uma criança pode-se ver abruptamente separada da mãe, o que faria surgir um duradouro complexo materno para compensar a perda da mãe. Esta explicação não o satisfez por muito tempo. Chegou a compreender que os complexos devem ter raízes em algo muito mais profundo na natureza humana que as experiências da primeira infância. Espicaçado pela curiosidade a respeito do que poderia ser tal coisa mais profunda, Jung descobriu outro nível da psique a que deu o nome de *inconsciente coletivo*.

IV. O INCONSCIENTE COLETIVO

A análise dos complexos feita por Jung foi de suma importância, tendo atraído para si a atenção do mundo científico da Psicologia e da Psiquiatria, numa época em que era ainda um homem relativamente jovem. Tinha apenas trinta e três anos quando foi convidado para pronunciar conferências na Clark University, em Massachusetts. Por mais importante que tivesse sido a descoberta dos complexos, a descoberta do inconsciente coletivo teve um significado muito maior e o transformou num dos intelectuais de maior projeção neste século. E fez dele também uma figura controvertida.

O motivo da importância do conceito de inconsciente coletivo é o seguinte. O ego, como centro da consciência, e o inconsciente pessoal, como repositório do material psíquico reprimido, não constituíam conceitos novos. Os psicólogos já vinham estudando a consciência desde a década de 1860, quando a Psicologia científica surgiu como disciplina independente da Filosofia e da Fisiologia. O estudo da mente inconsciente já fora iniciado, na década de 1890, por Freud, cujo trabalho Jung conhecia bem.

Tanto a mente consciente como a inconsciente eram tidas, primordialmente, como originárias da experiência. A repressão das experiências traumáticas na infância formavam o inconsciente, segundo Freud, embora este tivesse mais tarde modificado tal opinião, provavelmente influenciado por Jung. Em todo caso, foi Jung quem rompeu com um determinismo da mente num sentido estritamente ambiental e demonstrou que a evolução e a hereditariedade dão as linhas de ação para a psique, exatamente como o fazem para o corpo. A descoberta do inconsciente coletivo constituiu um marco decisivo na história da Psicologia.

A mente, por intermédio de seu correspondente físico, o cérebro, herda as características que determinam de que maneira uma pessoa reagirá às experiências de vida, chegando até a determinar que tipos de experiências terá. A mente do homem é pré-figurada pela evolução. Desta maneira, o indivíduo está preso ao passado, não somente ao passado de sua infância, mas também, o que é ainda mais importante, ao passado da espécie, e, antes disso, à longa cadeia da evolução orgânica. Esta colocação da psique dentro do processo evolutivo constituiu a suprema realização de Jung.

Passemos agora adiante e tratemos de delinear as características e os conteúdos do inconsciente coletivo. Antes de mais nada, é a parte da psique que se pode distinguir do inconsciente pessoal pelo fato de sua existência não depender da experiência pessoal. O inconsciente pessoal compõe-se de conteúdos que foram em certo momento conscientes, ao passo que os conteúdos do inconsciente coletivo jamais o foram no período de vida dum indivíduo.

O inconsciente coletivo é um reservatório de imagens latentes, em geral denominadas *"imagens primordiais"* por Jung. *Primordial* significa "primeiro" ou "original"; por conseguinte, uma imagem primordial diz respeito ao desenvolvimento mais primitivo da psique. O homem herda tais imagens do passado ancestral, passado que inclui todos os antecessores humanos, bem como os antecessores pré--humanos ou animais. Estas imagens étnicas não são herdadas no sentido de uma pessoa lembrar-se delas conscientemente, ou de ter visões como as dos antepassados. São antes predisposições ou potencialidades no experimentar e no responder ao mundo tal como os antepassados. Consideremos, por exemplo, o medo que temos das serpentes ou do escuro. Não lhe foi preciso aprender estes medos através de experiências com serpentes ou com a escuridão, muito embora tais experiências possam reforçar-lhe ou reafirmar-lhe as predisposições. Herdamos as predisposições de temer as serpentes e a escuridão porque nossos ancestrais experimentaram tais medos ao longo de um sem-número de gerações. Estes medos ficaram-lhe gravados no cérebro.

Talvez caiba aqui discutir uma crítica que com freqüência tem sido feita à explicação dada por Jung para a origem do inconsciente coletivo. Os biólogos têm proposto duas concepções para o mecanismo da evolução. Uma dessas concepções afirma que o que é aprendido através da experiência pelas gerações anteriores poderá ser herdado pelas futuras gerações que não precisarão aprendê-lo novamente. Os hábitos transformam-se em instintos. É a chamada doutrina dos caracteres adquiridos ou lamarckismo, de acordo com o nome do seu fundador. A outra concepção do mecanismo da evolução, aceita pela maioria dos biólogos, é a que afirma que a evolução faz-se por transformações (denominadas mutações) ocorridas no plasma do germe. As mutações que favorecem a adaptação do indivíduo ao ambiente e que lhe aumentam as probabilidades de sobrevivência e de reprodução tendem a passar de geração a geração. As mutações que desfavorecem a adaptação, a sobrevivência e a reprodução são eliminadas.

Infelizmente, Jung adotou a impopular explicação lamarckiana: o medo das serpentes ou do escuro aprendido por uma geração ou por uma série de gerações pode ser herdado pelas gerações seguintes. Dever-se-ia notar, entretanto, que o conceito de inconsciente coletivo não requer uma explicação em termos de características adquiridas. O Inconsciente coletivo também pode ser explicado pela mutação e pela seleção natural. Vale dizer: uma mutação ou uma série de mutações pode ter como resultado uma predisposição para temer as serpentes. Tendo o homem primitivo estado exposto a perigos face às serpentes venenosas, o medo delas faria com que se acautelasse para não ser mordido. De modo que a mutação ou as mutações provocadas pelo medo e as precauções elevariam no homem as probabilidades de sobrevivência, e assim as alterações no plasma do germe passariam para as gerações seguintes. Em outras palavras, a evolução de um inconsciente coletivo pode ser justificada, tal como se explica a evolução do corpo. Sendo o cérebro o principal órgão da mente, o inconsciente coletivo depende diretamente de sua evolução.

Após esta digressão necessária, voltemos à descrição do inconsciente coletivo. O homem nasce com muitas predisposições para pensar, sentir, perceber e agir de maneiras específicas. O desenvolvimento e a expressão de tais predisposições ou imagens latentes dependem *inteiramente* das experiências do indivíduo. Como já dissemos, um medo qualquer pode-se desenvolver com facilidade quando a predisposição para senti-lo já se encontra no inconsciente coletivo. Nalguns casos, basta uma estimulação muito pequena para que a predisposição se manifeste. A primeira vez que vemos uma serpente, ainda que inofensiva, sentimo-nos atemorizados. Noutros casos, a predisposição pode exigir do ambiente uma estimulação considerável antes de emergir do inconsciente coletivo.

Os conteúdos do inconsciente coletivo estimulam um padrão pré-formado de comportamento pessoal que o indivíduo seguirá desde o dia do nascimento. "A forma do mundo em que nasce é-lhe inata como uma imagem virtual" (vol. 7, p. 188). Esta imagem virtual transforma-se em realidade consciente ao identificar-se com os objetos que lhe são correspondentes. Por exemplo: quando existe no inconsciente coletivo uma imagem virtual da mãe, tal imagem expressar-se-á logo que a criancinha perceber e reagir à mãe verdadeira. De modo que os conteúdos do inconsciente coletivo são responsáveis pela seletividade da percepção e da ação. Percebemos facilmente algumas coisas e a elas reagimos de certas maneiras porque o inconsciente coletivo está predisposto a elas.

Quanto maior o número de experiências, mais numerosas as probabilidades de as imagens latentes tornarem-se manifestas. Eis por que um ambiente rico e muitas oportunidades de educação e aprendizado fazem-se necessários para a individuação (tornar consciente) de todos os aspectos do inconsciente coletivo.

A) ARQUÉTIPOS. Os conteúdos do inconsciente coletivo denominam-se *arquétipos*. A palavra arquétipo significa um modelo original que conforma outras coisas do mesmo tipo. Como sinônimo, temos *protótipo*.

Nos últimos quarenta anos, Jung passou muito tempo investigando os arquétipos e escrevendo sobre eles. Entre os muitos arquétipos por ele estudados e descritos incluem-se os do nascimento, do renascimento, da morte, do poder, da magia, do herói, da criança, do embusteiro, de Deus, do demônio, do velho sábio, da mãe terra, do gigante e de muitos objetos naturais, como as árvores, o sol, a lua, o vento, os rios, o fogo e os animais, além de muitos objetos fabricados pelo homem como anéis e armas. Jung escreveu: "Existem tantos arquétipos quantas as situações típicas na vida. Uma repetição infinita gravou estas experiências em nossa constituição psíquica, não sob a forma de imagens saturadas de conteúdo, mas a princípio somente como *formas sem conteúdo* que representavam apenas a possibilidade de um certo tipo de percepção e de ação". (vol. 9i, p. 48)

Para uma correta compreensão da teoria junguiana dos arquétipos, é muito importante que eles não sejam considerados como representações plenamente desenvolvidas na mente, como as imagens de lembranças de experiências passadas em nossa existência. O arquétipo materno, por exemplo, não é uma fotografia de uma mãe ou de uma mulher. Assemelha-se mais a um negativo à espera de ser revelado pela experiência. Escreveu Jung: "Uma imagem primordial só é determinada quanto ao conteúdo depois que se torna consciente e está portanto preenchida pelo material da experiência consciente". (vol. 9i, p. 79)

Alguns arquétipos têm uma importância tão grande na formação de nossa personalidade e de nosso comportamento que Jung dedicou-lhes uma especial atenção. São os arquétipos de *persona, anima* e *animus, sombra* e o *eu*. Eles serão descritos mais adiante.

Embora constituam no inconsciente coletivo estruturas separadas, os arquétipos podem formar combinações. Por exemplo: combinando-se o arquétipo de herói com o de demônio, o resultado poderá ser um tipo de pessoa que seja um "líder implacável". Ou então, misturando-se os arquétipos de magia e de nascimento, o resultado poderá ser um "mágico da fertilidade", encontrado em algumas culturas primitivas. Tais mágicos realizam rituais de fertilidade para as jovens esposas a fim de garantir que venham a ter filhos. Sendo os arquétipos capazes de interagir uns com os outros em várias combinações, isto também passa a constituir um fator na produção das diferenças de personalidade entre os indivíduos.

Os arquétipos são universais, isto é, todos herdam as mesmas imagens arquetípicas básicas. Cada criancinha, no mundo todo, herda um arquétipo materno. Esta imagem pré-formada da mãe amplia-se depois numa imagem definida pela aparência e comportamento da mãe verdadeira e pelas relações e experiências que o bebê tem com ela. Surgem, entretanto, bem depressa, diferenças individuais na expressão do arquétipo materno, pois as experiências de cada mãe e os modos como criam os filhos variam de família para família e até de filho para filho na mesma família. Segundo Jung, entretanto, quando ocorreu a diferenciação racial, surgiram também diferenças essenciais no inconsciente coletivo das diversas raças.

Quando falamos dos complexos, sugerimos várias origens possíveis para eles. Naquela lista deve ser agora incluído o arquétipo que, na verdade, constitui o núcleo de um complexo. Agindo como centro de um complexo, o arquétipo funciona como um ímã, atraindo para si experiências significativas a fim de formar um complexo. Tendo-se tornado suficientemente forte através da adição de experiências, o complexo pode chegar à consciência. Somente na medida em que se constitui centro de um complexo bem desenvolvido é que o arquétipo pode ter uma expressão na consciência e no comportamento.

Consideremos por exemplo o desenvolvimento de um complexo *divino* a partir de um arquétipo de Deus. Como todos os demais, este arquétipo existe primeiro no inconsciente coletivo. À medida que se vão somando as experiências da pessoa com o mundo, as que têm alguma importância para o arquétipo de Deus vão-se-lhe aderindo para formar o complexo. O complexo torna-se cada vez mais forte em virtude da acumulação de novos materiais, até adquirir força suficiente para forçar um caminho para a consciência. Se o complexo de Deus tornar-se dominante, grande parte do que a pessoa experimenta e a sua maneira de se comportar passam a ser governados pelo complexo divino. Tal pessoa percebe e julga tudo em termos de Bem e de Mal, advoga o fogo do inferno e a danação para os "maus" e um paraíso eterno para os virtuosos, acusa as pessoas de viverem no pecado e delas exige arrependimento. Julga-se um profeta de Deus, ou mesmo o próprio Deus, e está certa de que é a única criatura capaz de revelar à humanidade os caminhos da virtude e da salvação. Esta pessoa seria considerada fanática ou psicótica. Seu complexo assumiu-lhe o controle da personalidade. Temos aí um exemplo de um complexo que opera com capacidade extrema e ilimitada. Se o complexo divino deste homem tivesse funcionado como uma *parte* de sua personalidade em lugar de lhe dominar a personalidade *total*, ele poderia ter prestado grandes serviços à humanidade.

Consideremos agora os quatro arquétipos que desempenham papéis importantes na personalidade de qualquer indivíduo.

1. *A Persona.* A palavra *persona* significava originalmente uma máscara usada por um ator e que lhe permitia compor uma determinada personagem numa peça. (Outras palavras derivadas da mesma raiz são *personagem* e *personalidade.*) Na psicologia junguiana, o arquétipo de persona atende a um objetivo semelhante: dá a um indivíduo a possibilidade de compor uma personagem que necessariamente não seja ele mesmo. Persona é a máscara ou fachada ostentada publicamente com a intenção de provocar uma impressão favorável a fim de que a sociedade o aceite. Também pode ser denominada arquétipo da *conformidade.*

Todos os arquétipos devem ser proveitosos para o indivíduo e para a raça; caso contrário, não teriam passado a fazer parte da natureza do homem. A persona é imprescindível à sobrevivência. Ela nos torna capazes de conviver com as pessoas, inclusive com as que nos desagradam, de maneira amistosa. Pode levar ao lucro e à realização pessoal. É a base da vida social e comunitária. Consideremos, por exemplo, o caso de um rapaz que consegue um emprego numa grande firma. Para poder progredir, terá de descobrir o papel que dele se espera. Nisso provavelmente estarão incluídas características pessoais como o asseio, o bem trajar-se e as boas maneiras. Com toda a certeza, estarão incluídas as relações com os superiores, e talvez as suas opiniões políticas, o bairro onde mora, o tipo de carro, a esposa e uma série de outras coisas tidas como importantes para a imagem da empresa. Se, como se costuma dizer, souber jogar bem com os seus trunfos, a partida estará ganha. Evidentemente, deverá fazer bem o seu trabalho, mostrar-se ativo e diligente, responsável e digno de confiança. Mas tais qualidades também fazem parte da persona. O rapaz, ou a mulher, que não se revele capaz de usar a máscara da imagem empresarial inevitavelmente ver-se-á passado para trás nas promoções ou despedido do emprego.

Outra vantagem proporcionada pela persona é que a recompensa material por ela acarretada pode ser utilizada para se levar uma vida privada mais satisfatória e talvez mais natural. O empregado que usa a máscara empresarial oito horas por dia pode retirá-la quando sai do escritório e entrega-se a atividades que lhe pareçam mais satisfatórias. Isto nos faz lembrar Franz Kafka, o eminente escritor que trabalhava conscienciosamente para uma companhia de seguros durante o dia e passava as noites escrevendo ou entregue a atividades culturais. Confessou repetidas vezes que odiava o trabalho, mas seus superiores jamais se deram conta deste seu modo de sentir-se, vendo-o cumprir zelosamente as obrigações do emprego. Muitas pessoas levam vidas duplas, uma dominada pela persona e a segunda que satisfaz as demais necessidades psíquicas. Uma pessoa pode usar mais de uma máscara. A máscara usada em casa pode ser diferente da usada no trabalho. Pode colocar uma terceira máscara quando sai para jogar golfe ou pôquer com os amigos. Em conjunto, entretanto, todas estas máscaras constituem a sua persona. Este indivíduo está simplesmente conformando-se de diferentes maneiras a situações diversas. Está claro que a conformidade foi tida sempre como um fator importante na vida social; mas antes de Jung ninguém havia sugerido que constituía a expressão de um arquétipo inato.

O papel da persona na personalidade tanto pode ser prejudicial como benéfico. Quando um indivíduo deixa-se enlear demais ou se preocupa excessivamente com o papel que está desempenhando, e seu ego começa a se identificar unicamente com tal papel, os demais aspectos de sua personalidade são postos de lado. Tal indivíduo governado pela persona torna-se alheio à sua natureza e vive em estado de tensão em razão do conflito entre a persona superdesenvolvida e as partes subdesenvolvidas de sua personalidade. Dá-se o nome de *inflação* à identificação do ego com a persona. Por um lado, o indivíduo tem um senso exagerado da própria importância, decorrente do modo eficacíssimo com que desempenha um papel. Essa pessoa "impõe-se" às demais. Procura muitas vezes projetar o seu papel nos demais e exige que desempenhem um papel idêntico ao seu. Se estiver em posição de mando, poderá infernizar a existência dos que se encontram sob a sua autoridade. Os pais tentam por vezes projetar nos filhos as próprias personas com resultados infelizes. Os costumes e as leis relacionadas com a conduta pessoal constituem uma expressão da persona de um grupo. Visam a impor padrões uniformes de comportamento a todo o grupo desconsiderando as necessidades individuais. São por si mesmos evidentes os riscos advindos da inflação da persona para a saúde mental.

Por outro lado, a vítima da inflação também pode experimentar sentimentos de inferioridade e de recriminação a si mesma quando se sente incapaz de corresponder aos padrões que dela esperam. Conseqüentemente, pode sentir-se alheia à comunidade e alimentar sentimentos de solidão e distanciamento.

Jung teve inúmeras oportunidades de estudar os efeitos de uma persona inflada, pois muitos dos seus pacientes eram vítimas desse mal. Eram indivíduos, em geral bem realizados, que chegavam de repente a descobrir que as suas existências eram vazias e sem sentido.

Durante a análise, começavam a compreender que se haviam iludido durante anos, que eram hipócritas com relação aos sentimentos e interesses, fingindo interessar-se por coisas que na verdade não lhes interessavam de maneira alguma. Eram muitas vezes pessoas chegadas à meia-idade antes da crise da persona inflada atingir o auge. Está claro que a meta do tratamento é óbvia. É preciso desinflar a persona para permitir que os demais aspectos da natureza individual se afirmem. É um empreendimento difícil para quem levou anos identificando-se com a persona.

Esta análise de uma persona inflada leva a pensar que é melhor para a saúde psíquica do indivíduo ser um hipócrita consciente que um inconsciente, assim como é melhor enganar os outros que se enganar a si mesmo. O ideal seria que não houvesse hipocrisia nem engano de espécie alguma. Seja um bem ou um mal, entretanto, a persona faz parte da existência humana e precisa encontrar a sua expressão, preferencialmente de forma modesta.

2. *A Anima e o Animus.* Jung qualificou a persona de "face externa" da psique por ser esta a face vista pelo mundo. À "face interna", deu o nome de *anima* nos homens e de *animus* nas mulheres. O arquétipo de *anima* constitui o lado feminino da psique masculina; o arquétipo de *animus* compõe o lado masculino da psique feminina. Toda pessoa possui qualidades do sexo oposto, não somente no sentido biológico de que tanto o homem quanto a mulher secretam hormônios masculinos e femininos, mas também no sentido psicológico das atitudes e sentimentos.

O homem desenvolveu o seu arquétipo de *anima* pelo relacionamento continuado com mulheres durante muitas gerações; e a mulher desenvolveu o seu arquétipo de *animus* pelo relacionamento com os homens. Vivendo e interagindo um com o outro durante gerações, cada sexo adquiriu características do sexo oposto que facilitam as respostas adequadas e a compreensão do outro sexo. De modo que os arquétipos de *anima* e *animus,* do mesmo modo que o de persona, têm um valor muito grande para a sobrevivência.

Para que a personalidade seja bem ajustada e harmoniosamente equilibrada, o lado feminino da personalidade do homem e o lado masculino da personalidade da mulher devem poder expressar-se na consciência e no comportamento. Quando um homem só revela traços masculinos, os seus traços femininos permanecem inconscientes e por conseguinte não se desenvolvem e continuam primitivos. Isto confere ao inconsciente uma qualidade de fraqueza e impressionabilidade. Eis por que os homens que se mostram mais viris na aparência e no modo de agir são com freqüência internamente fracos e submissos. A mulher que aparenta uma feminilidade excessiva na vida exterior talvez traga no inconsciente qualidades de teimosia ou obstinação, muitas vezes presentes no comportamento externo do homem.

"Todo homem leva dentro de si a imagem eterna da mulher, não a imagem desta ou daquela mulher em particular, mas sim uma bem definida imagem feminina. Esta imagem é fundamentalmente inconsciente, um fator hereditário de origem primordial gravado no sistema vivo e orgânico do homem, uma impressão ou arquétipo de todas as experiências ancestrais da fêmea, um depósito, por assim dizer, de todas as impressões deixadas pela mulher... Sendo inconsciente, tal imagem é sempre projetada na pessoa amada, e constitui um dos principais motivos da atração apaixonada ou da aversão." (vol. 17, p. 198)

O que Jung quer dizer com isso é que o homem herda a sua imagem da mulher e inconscientemente estabelece certos padrões que lhe influenciarão poderosamente a aceitação ou a rejeição de qualquer mulher. A primeira projeção da *anima* é feita sempre na mãe, assim como a primeira projeção do *animus* é feita no pai. Mais tarde, passa o indivíduo a projetá-la nas mulheres que lhe suscitam sentimentos positivos ou negativos. Quando experimenta uma "atração apaixonada", a mulher sem dúvida alguma possuirá os mesmos traços de sua imagem-anima da mulher. E vice-versa: quando sente "aversão", a mulher estará dotada de qualidades que entram em conflito com a sua imagem-anima inconsciente. O mesmo acontece em relação à mulher e à projeção de seu animus.

Embora possam existir inúmeros motivos para que um homem seja atraído para uma mulher, tais motivos só poderão ser secundários, pois os motivos primários estão assentados no inconsciente. Muitos homens têm tentado relacionar-se com mulheres que lhes contrariam a imagem-anima, mas estes relacionamentos acarretam inevitavelmente insatisfação e antagonismo.

Jung afirma que a *anima* tem um apreço preconcebido por tudo que é fútil, desamparado, incerto e não intencional numa mulher. O *animus* prefere identificar-se com homens heróicos, com intelectuais, com artistas ou com atletas célebres.

Dissemos anteriormente que muitas são as pessoas com personas infladas ou superdesenvolvidas. Com relação à *anima* ou *animus*, a condição oposta se verifica com mais freqüência. Tais arquétipos apresentam-se muitas vezes desinflados ou subdesenvolvidos. Uma das razões para tal diferença é o alto valor que aparentemente a civilização ocidental atribui à conformidade e ao desencorajamento da feminilidade nos homens e da masculinidade nas mulheres. Este desencorajamento começa na infância quando os "mariquinhas" entre os meninos e as "valentonas" ou "molecas" entre as meninas são ridicularizadas. Espera-se que os meninos se amoldem a um papel masculino culturalmente específico e as meninas a um papel feminino. De modo que a persona tem precedência e sufoca a *anima* e o *animus*.

O desequilíbrio entre persona e a *anima,* ou o *animus,* pode ter como corolário o desencadeamento de uma rebelião da *anima* ou do *animus,* caso em que a pessoa reage exageradamente. O rapaz pode acentuar a anima a ponto de se tornar mais feminino que masculino. Alguns "travestis" masculinos e homossexuais efeminados incluem-se nesta categoria. A identificação de um homem com a sua anima pode ser tão completa a ponto de vir a submeter-se a um tratamento hormonal e a cirurgias genitais que lhe dêem uma aparência feminina. Ou a mocinha pode-se identificar tão completamente com o animus a ponto de procurar alterar suas feições femininas com o fito de parecer mais masculina.

3. *A Sombra.* Como dissemos, a anima ou o animus projetam-se no sexo oposto, sendo assim responsáveis pela qualidade das relações entre os sexos. Há um outro arquétipo que representa o gênero da pessoa e que influi em suas relações com pessoas do próprio sexo. Jung deu a este arquétipo o nome *sombra.*

No homem, a sombra contém uma maior quantidade de natureza animal do que qualquer outro arquétipo. Em virtude de suas raízes muito aprofundadas na história evolutiva, é este provavelmente o mais poderoso e potencialmente o mais perigoso de todos os arquétipos. É a fonte de tudo que há de melhor e de pior no homem, particularmente em suas relações com outras pessoas de mesmo sexo.

Para que um indivíduo se torne um membro essencial à comunidade, ser-lhe-á necessário domesticar os ímpetos animais contidos na sombra. Trabalho este a ser feito com a supressão das manifestações da sombra e o desenvolvimento de uma poderosa persona que contrabalance o poder da sombra. O indivíduo que suprime o aspecto animal de sua natureza pode-se tornar civilizado, mas só o consegue às custas da capacidade motivadora da espontaneidade, da criatividade, das fortes emoções e das intuições profundas. Priva-se da sabedoria de sua natureza instintiva, sabedoria que pode ser mais profunda que uma outra a ser proporcionada pelo estudo ou pela cultura. Uma vida privada de sombra tende a tornar-se insípida e sem brilho.

A sombra, no entanto, é persistente; ela não é facilmente derrotada pela supressão. Isto pode ficar ilustrado pelo exemplo seguinte. Um lavrador pode-se sentir inspirado no fazer-se poeta. As inspirações são sempre obra da sombra. De momento, o lavrador não julga exeqüível tal inspiração, provavelmente porque sua persona de lavrador é forte demais, de modo que ele a repele. Mas a idéia continua a atormentá-lo, devido à continuada pressão da sombra. Ele a põe de lado sempre que volta. Um dia, finalmente, cede e deixa de cuidar da terra para escrever poesia. Indiscutivelmente, houve também circunstâncias secundárias na promoção de tal decisão, mas é preciso reconhecer que a influência mais poderosa foi a exercida pela sombra em sua persistência em reiterar a idéia tantas vezes rejeitada. Até mesmo as circunstâncias secundárias são, antes de tudo, um trabalho da sombra de construção dos seus fundamentos. Sob este aspecto, a sombra é um arquétipo importante e valioso, porque tem a capacidade de reter e afirmar idéias ou imagens que podem vir a ser vantajosas para o indivíduo. Graças à sua tenacidade, pode impelir uma pessoa para atividades mais satisfatórias e mais criativas.

Quando o ego e a sombra trabalham em perfeita harmonia, a pessoa sente-se cheia de vida e de energia. O ego canaliza, em lugar de obstruir, as forças emanadas dos instintos. A consciência expande-se e a atividade mental fica cheia de vivacidade e vitalidade. E não somente a atividade mental: a pessoa também se sente mais ativa e vigorosa. Não é de admirar portanto que indivíduos criativos pareçam cheios de ímpetos animais, de tal forma que, nalguns casos, as pessoas mais mundanas as consideram "esquisitas". Existe uma certa verdade neste relacionamento de gênio com loucura. A sombra da pessoa muito criativa de vez em quando pode-lhe sobrepujar o ego, fazendo com que tal pessoa pareça temporariamente insana.

Passemos a considerar o destino dos elementos "maus" ou "nefastos" existentes na sombra. Pode-se imaginar que, uma vez eliminados da consciência, os elementos maus são descartados de uma vez por todas. Não é este o caso. Eles simplesmente se recolhem ao inconsciente onde permanecem em estado latente enquanto tudo corre bem no ego consciente. Mas se a pessoa se encontrar numa crise ou tiver de enfrentar uma situação vital difícil, a sombra aproveitará a oportunidade para exercer o seu poder sobre o ego. Como exemplo, poderíamos citar o alcoólatra compulsivo que consegue vencer o hábito. Os motivos que o levaram de início a tornar-se alcoólatra seriam, quando estivesse curado, forçados a recolher-se ao inconsciente, aguardando uma oportunidade para se exprimir. Tal oportunidade poderá oferecer-se se o indivíduo encontrar-se numa situação traumática, adversa ou conflituosa com a qual não lhe seja possível lidar. A sombra vem então à tona, com pequena resistência do ego enfraquecido, e a pessoa recai no alcoolismo. A sombra é dotada de um extraordinário poder de resistência: nunca é vencida. A natureza persistente é igualmente eficaz, tanto para a promoção do mal como do bem.

Quando a sombra é fortemente reprimida pela sociedade, ou quando lhe são dadas válvulas de escape inadequadas, ocorrem freqüentes desastres. Escrevendo em 1918, no final da Primeira Guerra Mundial, Jung observou que, quando reprimido, "o animal existente em nós apenas se torna mais selvagem". E prossegue dizendo que "é sem dúvida por esta razão que nenhuma religião fica tão aviltada quanto o Cristianismo pelo derramamento do sangue inocente, e que o mundo nunca viu guerra mais sangrenta que a guerra das nações cristãs" (vol. 10, p. 22). Está implícito nestas observações que os ensinamentos cristãos reprimem muito a sombra. Esta mesma observação aplicar-se-ia à Segunda Guerra Mundial, que foi ainda mais sangrenta, e às guerras subseqüentes. Nestes casos, e em inúmeros outros que poderiam ser colhidos na História, a sombra reprimida revida, mergulhando as nações em implacáveis derramamento de sangue.

Já dissemos que a sombra é responsável pelas relações entre pessoas do mesmo sexo. Estas relações podem ser amistosas ou hostis, dependendo de vir a sombra a ser aceita pelo ego e incorporada de modo harmonioso à psique, ou rejeitada pelo ego e banida para o inconsciente. Os homens tendem a projetar os impulsos de sua sombra rejeitada nos outros homens, de modo que, entre eles, surgem com freqüência sentimentos negativos. O mesmo ocorre com as mulheres.

Como ficou mencionado, a sombra contém os instintos básicos ou normais e é fonte de intuições realistas e de respostas adequadas, importantes para a sobrevivência. Estas qualidades da sombra têm um valor muito grande para o indivíduo em épocas de privação. Defrontamo-nos muitas vezes com situações que exigem decisões e reações imediatas, nas quais não nos sobra tempo para avaliar a situação e raciocinar buscando a resposta mais conveniente. Nestas circunstâncias, a mente consciente (ego) fica atordoada pelo súbito impacto da situação, o que dá à mente inconsciente (sombra) oportunidade para lidar com ela à própria maneira. Se lhe for permitido individualizar-se, as reações da sombra às ameaças e aos perigos poderão ser muito eficazes. Mas se a sombra for reprimida e permanecer indiferenciada, o eclodir da natureza instintiva do homem poderá sobrepujar o ego e levar o indivíduo a mergulhar no desamparo.

De modo que, em suma, pode-se dizer do arquétipo da sombra que ele confere à personalidade do homem uma qualidade tridimensional, de plenitude. Tais instintos são os responsáveis pela vitalidade, criatividade, vivacidade e vigor do homem. A rejeição da sombra reduz a personalidade.

4. O *Self*. O conceito de personalidade total ou psique é um aspecto central da psicologia junguiana. Esta totalidade, como fizemos notar quando falamos da psique, não se obtém colocando as partes lado a lado à maneira de um quebra-cabeça; está presente desde o começo, embora leve tempo para amadurecer. O princípio organizador da personalidade é um arquétipo a que Jung deu o nome de *Self*. O *self* é o principal arquétipo do inconsciente coletivo, assim como o sol é o centro do sistema solar. O *self* é o arquétipo da ordem, da organização e da unificação; atrai a si e harmoniza os demais arquétipos e suas atuações nos complexos e na consciência, une a personalidade, conferindo-lhe um senso de "unidade" e firmeza. Quando uma pessoa declara sentir-se em paz consigo mesma e com o mundo, podemos estar certos de que o arquétipo do *self* está exercendo com eficácia o seu trabalho. Por outro lado, quando se sente "fora dos eixos" e insatisfeita ou num conflito mais sério e tem a impressão de que "desmorona", é porque o *self* não está atuando de modo conveniente.

A meta final de qualquer personalidade é chegar a um estado de auto-realização e de conhecimento do próprio *self*. Não é um empreendimento simples, mas uma tarefa demorada, difícil e complicada e que raramente ou mesmo nunca pode ser completamente realizada por quem quer que seja. Os grandes líderes religiosos, como Jesus e Buda, foram os que mais perto dela estiveram. Conforme a observação de Jung, o arquétipo do *self* só se torna evidente na maturidade, visto ser preciso que a personalidade chegue ao pleno desenvolvimento para que o *self* possa tornar-se manifesto de modo mais ou menos completo. (Ver o capítulo quatro)

Atingir um estado de auto-realização depende em grande parte da cooperação do ego, porque, se este ignorar as mensagens vindas do arquétipo do *self*, será impossível haver uma apreciação e uma compreensão do *self*. É preciso que tudo se torne consciente para que se processe o efeito de individuação da personalidade.

Pode-se chegar ao conhecimento através do estudo dos sonhos. Mais importante ainda, através das experiências verdadeiramente religiosas, pode-se compreender e realizar o *self*. Nas religiões orientais, as práticas ritualísticas com vistas à compreensão do *self*, como a meditação da ioga, capacitam o homem oriental a perceber o *self* de modo mais rápido que o ocidental. Quando fala em religião, Jung se refere ao desenvolvimento espiritual e não a fenômenos sobrenaturais.

Jung aconselha a enfatizar menos a obtenção de uma auto-realização completa do que o conhecimento do próprio *self*. O autoconhecimento é o caminho para a auto-realização. É uma distinção importante porque muitos querem se realizar sem ter o menor conhecimento de si. Querem a perfeição instantânea, um milagre que as transforme em pessoas plenamente realizadas. Na verdade, é esta a tarefa mais árdua com que um homem se defronta na vida, e que dele exige uma disciplina constante, esforços persistentes e um alto grau de responsabilidade e sabedoria.

Tornando consciente o que é inconsciente, o homem pode viver em maior harmonia com a própria natureza. Ficará menos irritado e frustrado pois haverá de reconhecer as origens destas coisas no próprio inconsciente. A pessoa que não conhece o próprio *self* inconsciente projeta nos outros os elementos reprimidos do próprio inconsciente. Responsabiliza-os por seus erros não reconhecidos, criticando-os e condenando-os desta maneira, enquanto permanece, o tempo todo, projetando uma parte inconsciente de si. A consciência de si revela tais projeções e o indivíduo deixa de sentir-se compelido a procurar vítimas para as suas críticas e o seu desprezo. Seu relacionamento com os demais indivíduos melhora e ele se sente mais em harmonia com eles e consigo mesmo.

O arquétipo do *self* pode ser descrito como um fator interno de orientação, bastante diferente de nosso ego consciente exterior. O *self* tem a capacidade de regular ou governar e de influenciar a personalidade, tornando-a capaz de amadurecer e de aumentar a sua perceptibilidade. Através do desenvolvimento do *self*, o homem fica motivado para aumentar a consciência, a percepção, a compreensão e o rumo da própria vida.

O conceito de arquétipo do *self* figurou ser o resultado mais importante das investigações junguianas sobre o inconsciente coletivo. Ele descobriu o arquétipo do *self* depois de haver completado os intensos estudos e escritos sobre os outros arquétipos. Chegou à conclusão de que "... o *self* é a meta de nossa existência, por ser ele a mais completa expressão da combinação a que estamos fadados e que denominamos individualidade..." (vol. 7, p. 238)

V. INTERAÇÕES ENTRE AS ESTRUTURAS DA PERSONALIDADE

A análise dos conceitos estruturais de Jung, um por um, dá a impressão de serem separados e distintos uns dos outros. Não é o que acontece, entretanto; entre eles existem muitas interações. Jung analisa três espécies de interação. Uma estrutura pode *compensar* a fraqueza da outra, um componente pode-se *contrapor* a outro, e duas ou mais estruturas podem-se *unir* formando uma síntese.

Podemos encontrar um exemplo de compensação nas atitudes contrastantes da introversão e da extroversão. Quando a extroversão constitui a atitude dominante ou superior do ego consciente, o inconsciente compensa-a desenvolvendo a atitude reprimida da introversão. Quer isto dizer que, se a atitude extrovertida for frustrada de algum jeito, a atitude inconsciente inferior de introversão virá à tona para entrar em ação no comportamento. É por isso que, em geral, a um intenso período de comportamento extrovertido, segue-se outro de comportamento introvertido. O inconsciente sempre compensa as fraquezas do sistema da personalidade.

A compensação também ocorre entre as funções. Uma pessoa que dá muita ênfase ao pensar ou ao sentir em sua mente consciente, será, inconscientemente, do tipo intuitivo, de sensação. Da mesma forma, o ego e a anima de um homem, assim como o ego e o animus de uma mulher, mantêm um com o outro uma relação compensatória. O ego normal do homem é masculino enquanto a anima é feminina, e o ego normal da mulher é feminino enquanto o seu animus é masculino. O princípio de compensação proporciona uma espécie de equilíbrio entre os elementos contrastantes, evitando que a psique se torne neuroticamente desequilibrada.

Virtualmente, todos os teóricos da personalidade, independentemente da corrente a que pertençam, supõem que a personalidade contenha tendências polares susceptíveis de entrar em conflito umas com as outras. Jung não constitui uma exceção. Na sua opinião, uma teoria psicológica da personalidade deve-se basear no princípio de oposição ou conflito porque as tensões criadas pelos elementos conflitantes constituem a própria essência da vida. Sem tensão, não haveria energia, nem, por conseguinte, personalidade.

45

Existe oposição em qualquer parte da personalidade: entre a persona e a sombra, entre a persona e a anima e entre a sombra e a anima. À introversão opõe-se a extroversão, ao pensamento, o sentimento, e à sensação opõe-se a intuição. O ego é uma espécie de bola de pingue-pongue, sempre atirada de um lado para outro, indo das imposições externas da sociedade para as exigências internas do inconsciente coletivo. A mulher existente no homem luta contra o homem do homem e o animus se choca contra a feminilidade da mulher. A luta entre as forças racionais e irracionais da psique não termina nunca. O conflito é um fato onipresente na vida. O importante é descobrir se tais conflitos levarão a um esfacelamento da personalidade ou se eles poderão ser tolerados e suportados. No primeiro caso, a pessoa torna-se vítima da neurose ou da psicose. Ela enlouquece ou se aproxima da loucura. Quando podem ser tolerados, os conflitos geram a força motriz que leva à realização criativa e confere ao comportamento individual grande vitalidade.

Será preciso que a personalidade constitua sempre um todo dividido contra si mesmo? Jung acha que não. Sempre será possível haver uma união dos contrários, tema que aparece com muita constância nos escritos de Jung. Ele dá, com insistência, provas das diversas maneiras pelas quais os opostos podem ser sintetizados. A união dos contrários é levada a cabo pelo que Jung chama de *função transcendente*. (Ver o capítulo quatro) É esta função inata que leva à formação de uma personalidade equilibrada, integrada.

VI. RESUMO

Chegamos agora ao término da nossa análise dos conceitos estruturais de Jung. Reconheça-se que, tal como a vêem os olhos de Jung, a personalidade é uma estrutura extremamente complexa. Além de nela existirem inúmeros componentes — é incontável o número dos possíveis arquétipos e complexos, além do que também as interações entre estes componentes são intrincadas e intimamente ligadas. Mas também um indivíduo que raciocina jamais considerou a personalidade como uma estrutura simples. Os conceitos estruturais de Jung tentam ordenar o que parece ser um conglomerado de estados mentais e de ações humanas.

Quando procuramos compreender as maneiras pelas quais os componentes da personalidade se expressam num ser humano individual, a tarefa se torna extremamente difícil. Isto porque é preciso computar a força dos componentes num dado momento *e* também as variações de força que ocorrem ao longo do tempo. A psique não é uma coisa estável e fixa como uma pedra ou uma árvore, as quais podem ser descritas de uma vez por todas, todavia um sistema dinâmico em constante transformação. No próximo capítulo, descreveremos os conceitos dinâmicos de Jung.

REFERÊNCIAS

JUNG, C. G. *Collected Works*. Princeton, N. J.: Princeton University Press.

Vol. 7. *Two Essays on Analytical Psychology*.
Vol. 8. *The Structure and Dynamics of the Psyche*.
Vol. 9. *The Archetypes and the Collective Unconscious*.
Vol. 10. *Civilization in Transition*.
Vol. 15. *The Spirit in Man, Art, and Literature*.
Vol. 17. *The Development of Personality*.

JUNG, C. G. *Memories, Dreams, Reflections*. Nova York, Vintage Books, 1961.

Capítulo três

A DINÂMICA DA PERSONALIDADE

Para que as estruturas da personalidade descritas no capítulo anterior desempenhem as suas atividades, é mister energizá-las. De onde vem tal energia? Qual a sua natureza? Como é utilizada? Como se distribui pelas diversas estruturas da personalidade? São estas as perguntas com as quais iremos nos ocupar no presente capítulo.

I. A PSIQUE: UM SISTEMA RELATIVAMENTE FECHADO

Para começar, Jung propõe que se considere a personalidade total ou psique como um *sistema relativamente fechado*. Descrevendo-a como relativamente fechada, sugere que deve ser tratada como um sistema unitário em si mesmo, isto é, como um sistema de energia mais ou menos autocomandado, distinto de qualquer outro sistema de energia. Embora a psique receba energia de fontes externas, ou seja energizada por forças externas, inclusive pelo corpo, tal energia, uma vez adicionada, passa a pertencer exclusivamente à psique. Noutras palavras: o destino desta energia adicionada é determinado por um sistema de energia preexistente, a psique, e não pela natureza das fontes externas. Pode-se descrever a psique como uma esfera de natureza impermeável, com que permite o acréscimo de mais energia, procedente de fontes externas, ao sistema.

A energia fornecida pelas fontes externas procede das coisas que tocamos, vemos, cheiramos, degustamos, sentimos ou ouvimos. Estes sentidos constituem uma fonte contínua de estimulação, através da qual a psique é alimentada, tal como o alimento ingerido alimenta o corpo. É por isso que o sistema psíquico se mantém em estado de mudança contínua e nunca pode atingir um estado de perfeito equilíbrio. Apenas lhe é dado conseguir uma estabilidade relativa. Os estímulos provenientes do meio exterior e do corpo provocam uma incessante redistribuição, ou transferência de energia no sistema. *Fosse* um sistema inteiramente fechado, a psique *poderia* alcançar um estado de perfeito equilíbrio porque não estaria sujeita a interferências externas. Neste caso, a psique poderia ser comparada a um poço que secasse pela falta de água fresca.

É desnecessário insistir neste ponto. O leitor com certeza já terá passado muitas vezes pela situação em que tudo parece estar correndo muito bem até que um acontecimento inesperado e imprevisto lhe destrói o equilíbrio. O estímulo mais insignificante pode ter conseqüências de longo alcance para a estabilidade mental da pessoa. Desse modo, fica provado que o que importa não é a quantidade de energia acrescentada, mas sim os resultados diláceradores que a energia acrescentada provoca na psique. Estes resultados diláceradores são provocados pela redistribuição maciça de energia pelo sistema. Basta uma levíssima pressão no gatilho de uma arma carregada para provocar uma grande catástrofe. Da mesma forma, talvez seja necessário um ligeiro acréscimo de energia a uma psique instável para produzir grandes efeitos no comportamento de uma pessoa. Um comentário inócuo, por exemplo, é capaz de provocar uma reação emocional extremada à pessoa ao qual está sendo dirigido.

É loucura, diria Jung, imaginar que uma pessoa pode-se preparar para enfrentar todas as situações possíveis. Novas experiências amontoam-se na psique e destroem-lhe o equilíbrio. É por isso que Jung recomenda um abandono periódico do mundo, para podermos recuperar o equilíbrio. A meditação constitui um método de volta a si mesmo e de exclusão do mundo exterior. Um método mais drástico, e não recomendável, é o retiro completo e permanente, tecnicamente conhecido como autismo ou catatonia. O catatônico é praticamente uma pessoa impermeável a quaisquer formas de estímulo.

Por outro lado, também existe uma necessidade de estimulação ou novidade. A vida de uma pessoa pode-se tornar tão rotineira e despida de novas experiências que tal indivíduo poderá deixar-se levar pelo tédio e pela inércia. Em tais casos, um choque repentino vindo do mundo exterior poderá ativar-lhe a psique e induzi-lo a um sentimento de vigor e vivacidade.

Se a psique se abrisse por completo, seria o caos; hermeticamente fechada, estaria estagnada. A personalidade saudável, bem estabilizada, atua numa área intermediária entre os dois extremos.

II. ENERGIA PSÍQUICA

A energia graças à qual se efetiva o trabalho da personalidade é denominada *energia psíquica*. Jung também usou a palavra *libido* para designar esta forma de energia, mas será preciso, todavia, não confundi-la com a definição freudiana de libido. Jung não restringia a libido à energia sexual, como o fazia Freud. Na verdade, está aí uma das diferenças essenciais entre as teorias dos dois homens. A libido em seu estado natural é apetite, segundo Jung: os apetites da fome, da sede e do sexo, assim como as emoções. A libido manifesta-se de modo consciente através dos esforços, do desejo e da determinação.

A energia psíquica não pode ser quantitativamente medida por meio de fórmulas, tal como se verifica com as formas de energia física. A radiação, por exemplo, pode ser medida em raios e a eletricidade em volts. A energia psíquica expressa-se sob a forma de forças reais ou de forças potenciais, as quais executam o trabalho psicológico. Perceber, lembrar, pensar, sentir, desejar, querer, aplicar-se e esforçar-se são atividades psicológicas, assim como respirar, digerir e suar são atividades fisiológicas. Forças potenciais da personalidade são as predisposições, as tendências latentes e as propensões. Tais forças potenciais ou latentes podem ser ativadas a qualquer momento.

A energia psíquica, como já dissemos, origina-se das experiências que o indivíduo vai tendo. Assim como o alimento é consumido pelo corpo físico e transformado em energia biológica ou vital, também as experiências são "consumidas" pela psique e transformadas em energia psíquica.

Salvo em raros casos de choque físico recebidos pelo cérebro, a psique, tal como o corpo, sempre está fazendo alguma coisa. Mesmo quando profundamente adormecidos, a psique continua ativa, produzindo sonhos. Nós nem sempre nos damos conta destas atividades, assim como não percebemos nossas atividades fisiológicas; mas isto não significa que não estejam se processando. Nós só nos lembramos de alguns sonhos; contudo, temos indicações recentes de que sonhamos continuamente durante toda a noite. As pessoas acham muito difícil aceitar esta concepção de uma psique constantemente ativa, pois há forte tendência em equiparar a atividade psíquica à atividade consciente. Jung, tal como Freud, insurgiu-se contra esta concepção, mas ela persiste até hoje.

Jung observa ser impossível cientificamente provar a existência de uma relação de equivalência entre a energia física e a psíquica. Acredita, entretanto, que exista uma espécie de ação recíproca qualquer entre os dois sistemas. Vale dizer: a energia psíquica transforma-se em energia física e a energia física em energia psíquica. Pode-se afirmar com certeza que as drogas produtoras de efeitos químicos no corpo também lhe provocam alterações no funcionamento psicológico. E os pensamentos e sentimentos parecem afetar as funções fisiológicas. É sobre esta base que se assenta a medicina psicossomática. Jung pode ser considerado um dos precursores desta nova e importante concepção médica.

III. VALORES PSÍQUICOS

Um dos conceitos dinâmicos mais importantes de Jung é o de *vaior*. O valor é uma medida da quantidade de energia consagrada a um elemento psíquico particular. Quando se atribui um alto valor a uma idéia ou sentimento, quer isto dizer que esta idéia ou este sentimento exercem uma força considerável com vistas a influenciar e dirigir o comportamento individual. Quem atribua um alto valor à beleza dedica grandes quantidades de energia à busca da beleza, cercando-se de belos objetos, viajando para lugares onde possa encontrar a beleza, associando-se a pessoas e animais bonitos e, se disso for capaz, produzindo belas obras de arte. Quem não dá valor à beleza não faz nada disso. Consagra pouca ou nenhuma energia ao prazer estético. Pode, por outro lado, atribuir um alto valor ao poder e aplicar muita energia em atividades que lhe dêem poder.

O valor absoluto da energia psíquica aplicada a um elemento psicológico não pode ser determinado, mas seu valor relativo diante de outros poderá sê-lo. Podemos pesar ou comparar os nossos valores psíquicos uns com os outros e determinar-lhes as forças relativas. Podemos perguntar-nos se preferimos a verdade ou a beleza, o poder ou o conhecimento, a fortuna ou os amigos, e assim por diante. Ou melhor ainda: podemos observar-nos, ou aos outros, e verificar quanto tempo e energia dedicamos às várias atividades. Quando uma pessoa passa quarenta horas da semana ganhando dinheiro e uma hora apreciando as belezas naturais, não é difícil pesar os valores relativos destas atividades. Outro procedimento susceptível de ser adotado para o estabelecimento dos valores relativos consiste em propor à pessoa uma opção entre várias coisas e observar a coisa escolhida. Um outro método consiste em colocar-lhe obstáculos no caminho, mas até um certo ponto e observar por quanto tempo a pessoa persiste nas tentativas de os vencer. A pessoa que valoriza pouco a meta em questão desiste depressa. Um indivíduo pode chegar a identificar com bastante precisão os seus valores mantendo um registro dos sonhos. Se tiver muitos sonhos relacionados com o sexo e poucos com a busca do poder, poderemos estar certos de que o sexo se coloca mais alto em sua escala de valores que o poder.

Como sistema dinâmico, a psique está constantemente avaliando. Isto é, são atribuídas várias quantidades de energia às diversas atividades psicológicas. Tais quantidades variam de um momento para outro. Hoje aplicamos uma grande energia em estudar para um exame; amanhã, poderemos consagrá-la a uma partida de tênis ou a um passeio a cavalo. A escala de valores de uma pessoa não segue um padrão constante.

As observações e os métodos destinados a calcular a força relativa dos valores dão conta dos valores conscientes, mas não fornecem muitas informações sobre os valores inconscientes. Quando um valor consciente desaparece sem aparecer noutra atividade consciente e equivalente, pode-se esperar que ele apareça no inconsciente, admitindo-se que não há perda de energia no sistema. Como as regiões do inconsciente não são diretamente acessíveis à observação, é mister aplicar métodos auxiliares na avaliação dos valores inconscientes. Um destes métodos consiste em determinar o poder de constelação de um complexo.

Como descrevemos no capítulo anterior, um complexo é constituído por um elemento central ou nuclear, ao redor do qual agrupam-se muitas associações secundárias. O número destas associações dá uma medida do poder de constelação ou atração do complexo. Quanto maior o poder de constelação, mais elevado o valor ou a força do complexo. Por exemplo: quando uma pessoa tem um complexo de "líder vigoroso" isto quer dizer que o núcleo, a necessidade de governar os outros atrairá para si muitas experiências ou associações. A constelação total pode ser constituída pela admiração aos heróis, pela identificação com pessoas de projeção, pela tendência a assumir responsabilidades a que outros fogem, pela capacidade de obter aceitação e aprovação para as decisões, de ser consultado sobre assuntos tanto triviais como importantes, de expressar as próprias idéias em todas as ocasiões possíveis, e pela busca do respeito e da admiração dos demais. Toda experiência nova tende a ser assimilada pelo complexo de líder. Escreve Jung: "Um complexo possui um alto valor quando o seu poder de assimilação revela-se mais forte que o de outro".

Quais os métodos empregados para calcular o valor energético da constelação do poder de um complexo? Jung propõe três métodos:

(1) as observações diretas somadas às deduções analíticas, (2) os indicadores de complexo, e (3) a intensidade da expressão emocional.

A) OBSERVAÇÃO DIRETA E DEDUÇÃO. Um complexo nem sempre revela as suas características no comportamento consciente. Pode-se manifestar sob a forma de sonhos ou sob formas disfarçadas, de modo que será preciso prestar atenção aos indícios circunstanciais a fim de lhe descobrir o significado. É o que pretendemos dizer quando falamos de dedução analítica. Por exemplo: uma pessoa pode parecer muito subserviente e submissa em suas relações com os outros. Observa-se, porém, depois, que tal pessoa parece conseguir sempre o que quer. É o tipo do indivíduo que diz "Não se preocupem comigo", e imediatamente todos passam a se preocupar com ele. Ou então: "Vão vocês; eu ficarei em casa se não houver lugar para mim", e todos começam a agitar-se para que ela também possa ir ainda que alguém tenha de ficar para trás. Ou a mãe que se sacrifica pela família e depois, quando inválida, requer os cuidados e as atenções de todos. O controle dos demais (o complexo de poder) é por ela exercido por meio da sutil manipulação das pessoas, manipulação esta que não lhe pode valer críticas porque ela costuma anular-se e sacrificar-se *tanto!*

Toda atitude fortemente negativa com relação a alguma coisa pode ocultar um interesse positivo por esta coisa rejeitada em altos brados. A pessoa que afirma "Eu não tolero os boatos", talvez seja a que mais boatos espalha. Ou a que declara "Eu não me preocupo com o pagamento, só me interesso pelo trabalho", pode bem ser a primeira a reclamar de uma remuneração insuficiente. Os psicólogos analíticos aprendem a não tomar ao pé da letra todas as afirmações, tratando pelo contrário de descobrir o que se oculta por trás delas.

B) INDICADORES DE COMPLEXOS. Todo distúrbio de comportamento pode ser indício de um complexo. Por exemplo: uma pessoa pode-se dirigir a outra que conheça muito bem trocando-lhe o nome. Quando um homem se dirige à esposa chamando-a pelo nome da mãe, este engano faz pensar que o seu complexo materno assimilou a esposa. Ou talvez se trate dum bloqueio da memória por algum motivo bem conhecido. Supõe-se que a memória reprimida se relacione com um complexo inconsciente, de tal forma que a memória seja por ele suprimida. Uma exagerada reação emocional a uma situação qualquer indica estar a situação ligada de alguma maneira a um complexo.

Como dissemos anteriormente, o emprego do teste junguiano de associação das palavras foi uma tentativa de suscitar os indicadores de complexos em condições ideais. Jung conseguiu avaliar a intensidade de um complexo pelo retardamento da resposta a uma palavra, e através de outras peculiaridades da reação face a uma palavra do teste.

Jung afirma ser mais difícil descobrir um complexo quando existe uma supercompensação. Há supercompensação quando o núcleo de um complexo fica obscurecido por outro complexo, o qual temporariamente adquire um valor energético mais alto. Este valor maior advém-lhe do fato de a pessoa ter deliberadamente transferido a energia do complexo "verdadeiro" para o que serve de "disfarce". Um exemplo disto é o do homem com um complexo de inferioridade por causa da virilidade masculina e que o supercompensa desenvolvendo e exibindo o físico, jactando-se da virilidade e das proezas sexuais, e rejeitando tudo que lhe pareça feminino. É o tipo de pessoa que critica os homens efeminados por lhe lembrarem a própria sensação de inferioridade.

Outro exemplo é o da pessoa que comete um crime por sentir-se culpada ou por ter complexo de culpa. Espera ser apanhada e chega a tomar cuidadosas providências para que isso aconteça a fim de ser presa e castigada. O castigo serve para aliviar-lhe o complexo de culpa, pelo menos temporariamente. Podemos observar tal fato nas crianças que se comportam deliberadamente mal. Elas são freqüentemente motivadas sobretudo pela necessidade de serem castigadas, mas não pela agressividade.

Uma vez identificado o verdadeiro complexo, pode-se lidar com ele. Pouco haveremos de progredir enquanto procurarmos tratar o complexo que serve de "disfarce".

C) REAÇÕES EMOCIONAIS. Já dissemos que as reações emocionais exageradas indicam a existência de um complexo subjacente. Jung também estudou a expressão da emoção em condições de laboratório. Valeu-se de medições das alterações do ritmo das pulsações, das flutuações na respiração e das alterações na condutividade elétrica da pele provocadas pelo suor emocional, juntamente com o teste de associação das palavras. Se ocorresse qualquer destas alterações durante a apresentação de uma palavra, queria isto dizer que um complexo fora atingido. Seriam então introduzidas outras palavras pertencentes à mesma categoria geral para verificar se elas também provocavam reações emocionais.

D) INTUIÇÃO. Além dos testes, experiências, análises e observações mencionados, Jung acreditava na existência de outro modo de reconhecimento de um complexo: a capacidade natural e espontânea que todo homem possui de perceber nos outros até as mais leves oscilações emocionais. Tal capacidade chama-se intuição. É mais desenvolvida em algumas pessoas que noutras. A intuição torna-se mais sensível e mais aguda à medida que aumenta nossa familiaridade com determinado indivíduo. Quando é intenso o relacionamento entre duas pessoas, elas são capazes de perceber quase que imediatamente quando uma delas está sob o domínio de um complexo.

IV. O PRINCÍPIO DE EQUIVALÊNCIA

A psicodinâmica diz respeito à distribuição da energia pelas estruturas da psique e à transferência da energia de uma estrutura para outra. A psicodinâmica junguiana vale-se de dois princípios básicos, ambos extraídos da Física. São eles o *princípio de equivalência* e o *princípio de entropia*.

Afirma o princípio de equivalência que, se a quantidade de energia de um determinado elemento psíquico diminuir ou desaparecer, igual quantidade de energia aparecerá noutro elemento psíquico. Vale dizer: não há perda de energia na psique; ocorrem simplesmente transferências de uma posição para outra. Na realidade, a energia pode ser distribuída pelos diversos componentes. Os estudiosos da Física reconhecerão que o princípio de equivalência é a primeira lei da Termodinâmica ou lei da conservação da energia.

Uma analogia poderá ajudar a esclarecer o funcionamento deste princípio. Quando uma pessoa paga dez dólares por um par de sapatos, o dinheiro obviamente não desaparece. Ele acaba sendo distribuído por algumas pessoas: o dono da loja, os caixeiros e demais empregados, o atacadista e os seus empregados, o fabricante e os seus empregados, o produtor do couro, os diversos coletores de impostos, etc., etc. De modo idêntico, uma soma de energia é transferida para outra soma ou para uma série de somas diferentes. A transferência em si mesma não consome energia, assim como entregar uma nota de dez dólares a um caixeiro não diminui o valor dos dez dólares.

Entretanto, não é preciso recorrer a analogias, por ser evidente que a psique não deixa de fazer uma coisa sem passar a fazer outra qualquer em lugar daquela. Nós esperamos que, ao perder o interesse pelo aeromodelismo, pelas histórias em quadrinhos e pelas brincadeiras de bandido e mocinho, o menino passe a se interessar por automóveis, pelos romances e pelas garotas. A perda de interesse por alguma coisa significa sempre um aumento de interesse por uma outra. Mesmo quando estamos cansados e adormecemos, nossa mente continua a elaborar alucinações muito complexas. A energia utilizada durante o dia para pensar, sentir e agir, à noite transfere-se para os sonhos.

Por vezes, entretanto, há somas de energia que parecem desaparecer em lugar de se deixar transferir. Nestes casos, a energia foi transferida do ego consciente para o inconsciente pessoal ou para o inconsciente coletivo. As estruturas que compõem estes dois níveis do inconsciente precisam de energia, e com freqüência de uma boa dose de energia, para desempenhar as suas atividades. Como dissemos, estas atividades não podem ser observadas diretamente; será preciso deduzi-las das ações pessoais. Um exemplo bem conhecido desta transformação da consciência para o inconsciente é o que ocorre quando uma criança começa a se tornar independente dos pais. Ela passa então a fantasiar pais substitutos, e essas fantasias são mais cedo ou mais tarde projetadas em pessoas reais, como um professor, um instrutor ou um velho amigo dos pais. Fica com isto ilustrado até que ponto o valor inconsciente apresenta as mesmas características tidas pelo valor consciente. O valor atribuído pela criança aos pais desaparece quando o filho deles se separa. Este valor torna-se então inconsciente e manifesta-se sob forma de fantasias; a seguir, volta à consciência com novos objetos, conservando porém um valor muito semelhante ao original. Podemos estar bastante certos de que, se uma pessoa muda repentinamente de caráter (passando de Dr. Jekyll a Mr. Hyde), a responsabilidade por tal transformação cabe a uma redistribuição de valores. Influências menos dramáticas, e por conseguinte menos evidentes, exercidas pelos valores inconscientes sobre o comportamento ocorrem continuamente. Muitos destes valores inconscientes são responsáveis pelos conteúdos de nossos sonhos. Os valores inconscientes são também responsáveis pelo aparecimento de sintomas neuróticos como as fobias, obsessões e compulsões, e de sintomas psicóticos como as alucinações, os delírios e a extrema retração à realidade. É por isso que se pode observar mais proveitosamente a psicodinâmica da personalidade num hospital de doenças mentais ou no consultório de um psiquiatra. Mas, como observou Jung com insistência, esta psicodinâmica também pode ser observada numa grande variedade de fenômenos sociais, como o crime, a guerra, os preconceitos e a discriminação, e na arte, na mitologia, na religião e no ocultismo.

Dado um sistema de personalidade que tenha à sua disposição, a qualquer momento, uma quantidade finita de energia, segue-se que haverá uma competição com tal energia entre as várias estruturas. Se uma estrutura obtiver uma parte maior, sobrará outra correspondentemente menor para as demais estruturas. Para ilustrar o fato, tomemos mais uma vez um exemplo da experiência cotidiana. Uma pessoa dispõe de determinada quantidade de dinheiro para gastar mensalmente. Não lhe sendo possível comprar tudo o que deseja, deverá decidir-se pelo modo de distribuição do dinheiro pelas várias precisões e desejos. Da mesma maneira, o sistema psíquico deve "decidir" como distribuir a energia pelas várias estruturas. Na verdade, tais "decisões" são tomadas por outro princípio dinâmico que dentro em pouco iremos analisar.

Jung observa também que, na transferência da energia de uma estrutura para outra, algumas características da primeira estrutura passam para a segunda. Por exemplo: quando a energia de um complexo de poder passa para um complexo sexual, alguns aspectos do valor atribuído ao poder aparecerão nos valores sexuais. Quando isto acontece, o comportamento sexual da pessoa contém alguns aspectos da necessidade de dominar os parceiros sexuais. Jung nos adverte, entretanto, de que não devemos supor que todas as características do primeiro complexo foram transferidas. O segundo complexo continuará a apresentar o caráter que lhe é próprio. Diz Jung: "Pode acontecer que a libido de uma atividade espiritual qualquer passe para algum interesse essencialmente material e que por isso o indivíduo erroneamente venha a julgar que a nova estrutura tem um caráter igualmente espiritual" (vol. 8, p. 21). Podem existir similaridades, observa ele, mas existem também diferenças essenciais.

Via de regra, a energia psíquica só poderá se transferir de uma base para outra em termos de equivalência. Vale dizer que se uma pessoa é intensamente apegada a outra, a um objeto ou a uma atividade, tal apego só poderá ser substituído por algo que tenha um valor igualmente intenso. Por vezes, entretanto, nem toda a energia será utilizada no novo valor. Neste caso, a energia excedente passa para um elemento inconsciente.

Até agora, nossa análise da equivalência tem-se referido acima de tudo a elementos isolados, ou a valores psíquicos. Gostaríamos agora de mostrar o modo de funcionamento do princípio de equivalência quanto às principais estruturas da personalidade: o ego, a anima, a sombra, etc. O princípio continua o mesmo, embora os efeitos sobre o comportamento possam ser muito mais significativos que no caso dos valores isolados. Removendo-se uma grande quantidade de energia psíquica do ego para a persona, os efeitos seriam muito evidentes no comportamento individual. Esta pessoa deixaria de ser "ela mesma" para ser a que ela imagina que os outros desejam que seja. Sua personalidade assumiria um caráter progressivo de máscara.

Sendo altamente desenvolvido, um sistema apoderar-se-á de toda a energia disponível nos outros sistemas. Esta usurpação fica dificultada quando a energia está presa a um outro sistema, mas poderá ser feita com muita facilidade quando houver energia livre ou quando a energia estiver fluindo de um sistema para outro.

Embora tenhamos ilustrado com o exemplo acima o modo pelo qual a energia psíquica fluiria do ego para a persona, nem sempre a energia é redistribuída de maneira tão direta. O ego pode desenergizar-se e, por isso, a energia será redistribuída por *vários* outros sistemas da personalidade, em lugar de se transferir toda para um único sistema. Não nos esqueçamos também de que, como a psique está sempre recebendo mais energia proveniente de fontes externas, tal acréscimo pode ser responsável pelo aumento dos níveis de energia em todos os sistemas. Este processo contínuo de abastecimento de energia, assim como a distribuição e redistribuição da energia dentro da *psique,* é que despertava tanto a curiosidade de Jung. Tendo em vista um tal interesse, a psicologia analítica de Jung adquiriu um caráter realmente dinâmico.

Em resumo, o princípio de equivalência afirma que, ao se verificar uma transferência de energia psíquica de um elemento ou estrutura da psique para outro elemento ou estrutura, o valor da energia mantém-se o mesmo. A energia psíquica não pode desaparecer; pode ser somada à psique pelas experiências, mas dela não pode ser subtraída.

V. O PRINCÍPIO DE ENTROPIA

O princípio de equivalência descreve o intercâmbio de energia no interior de um sistema, mas não explica em que *direção* esta energia flui. Por que motivo a energia flui, digamos, do ego para a persona e não para a sombra ou para a anima?. É como se perguntássemos a uma pessoa por que comprou um par de sapatos e não um livro ou uma caixa de bombons. Ela provavelmente retrucaria: "Porque eu preciso mais dos sapatos que do livro ou dos bombons." Tal resposta aplica-se igualmente às trocas de energia dentro da psique. A energia flui do ego para a persona porque esta "precisa" mais dela que a anima ou a sombra. E "precisa" por ter menos energia que o ego, a anima ou a sombra.

A direção para a qual a energia flui é explicada em Física pela segunda lei da Termodinâmica, conhecida pelo nome de princípio de entropia.

Com efeito, tal princípio demonstra que, quando se colocam em contato dois corpos de diferentes temperaturas, o calor (energia térmica) passa do mais quente para o mais frio até que a· temperatura de ambos se iguale. Outro exemplo é o do fluxo da água em dois recipientes, que se faz sempre seguindo a direção do que está mais acima para o que está mais abaixo, quando existe um canal entre os recipientes, até que o nível da água seja o mesmo em ambos os recipientes. Generalizando: a energia flui sempre de um corpo mais forte para um mais fraco, quando ambos têm acesso um ao outro. A operação do princípio de entropia tem como resultado um equilíbrio de forças.

O princípio de entropia, tal como o adaptou Jung para descrever a dinâmica da personalidade, afirma que a distribuição da energia na psique visa a obtenção de um equilíbrio em todas as estruturas da psique. Tomemos o exemplo mais simples: se dois valores (intensidades de energia) têm forças desiguais, a energia tende a passar do mais forte para o mais fraco até alcançar um equilíbrio. Em maior escala, a entropia governa os intercâmbios de energia em toda a personalidade, com o objetivo de constituir um sistema perfeitamente equilibrado. Naturalmente, tal objetivo não chega jamais a ser inteiramente atingido e pode-se salientar que se o fosse os intercâmbios de energia cessariam e a psique deixaria de funcionar. Ela ficaria paralisada, tal como ficaria paralisado o mundo físico se ocorresse uma entropia perfeita. Tudo haveria de parar.

Isto não pode ocorrer com a psique, pois que ela não é um sistema completamente fechado. Quer isto dizer que a psique recebe continuamente nova energia vinda de fontes exteriores. Tal energia acrescentada gera desequilíbrios. Quando a dinâmica da personalidade encontra-se em estado relativamente calmo por estar havendo um certo grau de equilíbrio nas estruturas, qualquer estimulação nova será capaz de perturbar o equilíbrio, caso em que os sentimentos de quietude serão substituídos por sentimentos de tensão e conflito. Tensão, conflito, pressão e desgaste são sentimentos suscitados pelos desequilíbrios surgidos na psique. Quanto maiores as desigualdades de energia entre as estruturas, maiores a tensão e o conflito experimentados pelo indivíduo. Uma pessoa pode ter a impressão de estar sendo estraçalhada por conflitos internos, e isto por vezes acontece. As personalidades poderão esfacelar-se se as tensões forem excessivas, tal como os vulcões poderão entrar em erupção se a pressão (tensão) for demasiadamente grande.

Entretanto, como observa Jung, a equiparação de dois valores ou estruturas que originalmente possuíam quantidades desiguais de energia — pouco e muito — pode levar a uma forte e duradoura síntese dos valores ou estruturas que dificilmente será dissolvida. Imaginemos, por exemplo, um homem dotado de uma sombra forte e de uma anima fraca. A anima fraca tenta retirar energia da sombra forte. Mas à medida que a energia vai sendo retirada da sombra, mais energia lhe será acrescentada pelas fontes externas. De modo que, embora unilateral, o conflito prossegue de modo furioso. Se o conflito for resolvido de tal forma que se estabeleça uma espécie de equilíbrio nas duas estruturas, tal equilíbrio, segundo Jung, dificilmente será perturbado. A união dos contrários (sombra *versus* anima), em tais circunstâncias, será particularmente forte. Em lugar de se mostrar compulsivamente masculino, o homem expressará em seu comportamento um misto, por assim dizer, de ternura e virilidade, de força e compaixão, de determinação e sentimento. Será um resultado feliz, mas com muita freqüência o conflito prosseguirá e os contrários não chegarão a unir-se.

O forte laço a ser estabelecido para as estruturas opostas como a sombra e a anima tem sua contrapartida nas relações humanas. Um poderosíssimo relacionamento desenvolve-se muitas vezes entre duas pessoas que, de modo agudo, se contrapunham uma à outra. Foi preciso que travassem muitas batalhas, antes da cessação de tantas lutas, para que uma firme e duradoura amizade se firmasse. Também neste caso, não se trata de um típico resultado. Ou a luta continua, ou se faz mais acirrada com o término do relacionamento.

A comparação entre os conflitos intrapsíquicos e os conflitos interpessoais não é apenas uma analogia, porque, como observa Jung, nossos conflitos com outras pessoas (e, por falar nisso, com animais e objetos) são quase sempre, ou mesmo sempre, projeções de conflitos no interior de nossa própria personalidade. Um marido que briga com a mulher está brigando com a própria anima. Uma pessoa que batalha vigorosa, e até fanaticamente, contra o que lhe parece pecado e imoralidade, está combatendo a própria sombra.

Como já dissemos, a estimulação proveniente de fontes externas pode produzir tensão e desgaste na psique acrescentando-lhe energia. Em condições normais, a energia nova pode encontrar um lugar na psique sem provocar sérios deslocamentos. Mas se a psique for instável, em virtude de uma distribuição desigual de energia, e se a estimulação for tão forte que não possa ser controlada, talvez o indivíduo busque proteger-se fechando-se numa concha. No período de sua experiência em hospital de doentes mentais, Jung observou um embotamento das emoções nos pacientes psicóticos. Eles não reagiam emotivamente em situações que geralmente provocam resposta emotiva. Os sentimentos só irrompem, muitas vezes violentamente, quando a concha pode ser furada.

As pessoas mais normais dispõem de recursos para se proteger em situações angustiantes. Fecham as suas mentes, como se costuma dizer, e recusam dar ouvidos a tudo que lhes possa perturbar as convicções. Com freqüência, alimentam preconceitos profundamente arraigados. São conservadoras e resistem às modificações porque se sentem seguras e à vontade em seu bem estabelecido estado de espírito. Fechando suas mentes a novas experiências, podem aproximar-se mais de um estado de perfeita entropia, o qual, como já ficou dito, só pode ocorrer num sistema fechado.

Referimo-nos com freqüência às "tormentas da juventude" e à "tranqüilidade da velhice". A turbulência da juventude é uma conseqüência da enorme quantidade de energia que se infiltra na psique e que procede tanto de fontes externas como do próprio corpo. Consideremos, por exemplo, as alterações fisiológicas ocorridas na puberdade, assim como as inúmeras experiências novas por que passa o jovem à medida que se enfraquecem os laços que o prendem à família. O princípio de entropia não pode funcionar com suficiente rapidez para lidar com adequação com a grande quantidade de energia trazida para a psique. Os valores psíquicos não conseguem atingir um estado de equilíbrio porque as novas experiências criam continuamente novos valores. O princípio de entropia passa de imediato a lidar com os novos valores, mas antes que o processo se complete surgem outros valores em conseqüência das novas experiências. Ou talvez dois valores tenham alcançado uma espécie de equilíbrio quando aparece um terceiro valor que provoca uma redistribuição de energia nos dois primeiros. Os sentimentos de incerteza, perplexidade, conflito, insegurança, angústia e confusão são projetados para fora na forma de rebelião, mau humor, imprevisibilidade e impulsividade. O que mais se poderia esperar, diria Jung, desta caótica maré e deste fluxo de energias no interior da psique juvenil?

Com respeito à pseudo "tranqüilidade da velhice", realmente a idade não tem nada a ver com isso. As experiências por que passou a pessoa e que foram bem enfrentadas e incorporadas à personalidade com um certo grau de harmonia é que geraram a tranqüilidade. Para uma pessoa mais idosa, uma nova experiência não é tão perturbadora porque a relativa quantidade de energia por ela acrescentada à energia total da psique é menor que à acrescentada à psique de uma pessoa mais jovem.

61

Existe ainda um outro obstáculo ao funcionamento do princípio de entropia na dinâmica da personalidade. Quando uma estrutura torna-se muito desenvolvida e conseqüentemente assume uma posição proeminente na psique, tal estrutura tende a se tornar independente e a desligar-se do resto da psique. Agindo à maneira de um governante autocrático, ela se apossa de quantidades cada vez maiores de poder (energia) das outras estruturas, além de monopolizar a nova energia da psique. O fluxo de energia de uma estrutura forte para uma fraca não fica apenas bloqueado: fica também invertido. De modo que a psique desequilibra-se de modo acentuado, nela aparecendo uma estrutura dominante cada vez mais forte e muitas outras fracas, cada vez mais fracas. Um complexo forte, por exemplo, atrai para si inúmeras experiências novas, assim como uma nação rica e poderosa tende a se tornar ainda mais rica e poderosa apossando-se ou descobrindo novas fontes de riqueza. Esta espécie de autocracia na personalidade pode ter uma influência estabilizadora durante algum tempo, mas há sempre o perigo de que o complexo dominante venha a ser derrubado pelo funcionamento do princípio de entropia. O súbito fluxo de energia para fora de um sistema poderoso pode acarretar conseqüências tão desastrosas quanto as resultantes do rompimento de um dique.

Jung salienta que todo estado extremo contém secretamente o seu oposto e que ocorre com freqüência uma súbita conversão de um valor muito dominante no seu contrário. Isto significa que uma pessoa com um complexo de poder muito forte é suscetível de se tornar de repente muito subserviente e submissa. Ou uma pessoa com uma persona altamente desenvolvida pode-se livrar da máscara e transformar-se numa ameaça à sociedade. Na qualidade de psicanalista, Jung teve inúmeras oportunidades de observar transformações abruptas nas personalidades dos seus pacientes. Tais mudanças espetaculares de personalidade e comportamento são devidas à operação do princípio de entropia. A energia acumulada em tão grande quantidade num complexo ou numa estrutura escoa-se de repente para fora do complexo e é depositada em seu contrário. Por isso, as estruturas superdesenvolvidas são invariavelmente imutáveis.

A contrapartida psicológica do princípio de entropia é o *eu*. Lembremo-nos de que o eu é um arquétipo cuja função é a de integrar as várias estruturas da personalidade. Como veremos no próximo capítulo, Jung propõe ainda uma terceira função integradora: a *função transcendente*.

VI. PROGRESSÃO E REGRESSÃO

Um dos conceitos mais importantes da psicodinâmica é o de progressão e regressão da energia psíquica. Define-se a progressão como sendo as experiências cotidianas promotoras da adaptação psicológica do indivíduo. Embora certas personalidades dêem a impressão de ter realizado de modo completo a sua promoção psicológica, o fato é que tal impressão é errônea e equivale a tomar um comportamento consciente por uma verdadeira adaptação psíquica. A progressão de um indivíduo constitui um processo contínuo, visto que ambiente e experiências modificam-se continuamente. Por conseguinte, a adaptação nunca chega a se fazer de modo completo.

Pode-se dizer que a progressão da libido faz-se de acordo com as exigências das condições ambientais. Desde o início da vida, o indivíduo entra em contato com o mundo, predisposto a desempenhar uma função mental específica. Iniciando-se por uma orientação individual, a psique mantém-se fiel à sua tendência. Quando tal função constante torna-se *por demais* dominante e poderosa, pelo processo da progressão atrai a si toda experiência possível e toda energia psíquica. No entanto, há um momento em que uma nova função faz-se necessária pelo fato de a função anterior ter deixado de ser adaptativa. Por exemplo: sendo o sentimento a função dominante, as novas situações podem requerer uma orientação dada pela reflexão para que haja uma adaptação correta, tornando assim o sentimento inadequado às novas situações. Nesse caso, a atitude sentimental perderá a sua força e cessará a progressão da energia psíquica nessa função. A certeza e a segurança antes presentes se dissipam e são substituídas por uma miscelânea de valores psíquicos caóticos. A pessoa se sente então "desnorteada". Acumulam-se os conteúdos subjetivos e as reações, ficando a psique dominada pela tensão.

Para que se reinstale a progressão da libido, é imprescindível que fique unido o par de funções contrárias, neste caso o sentimento e o pensamento. Devem ambos atingir um estado de interação e influência mútuas, evitando desta maneira que se desequilibre o desenvolvimento das funções psíquicas. Quando isto não acontece, a energia psíquica é paralisada, e o par de contrários não pode coordenar-se.

A luta entre os contrários prosseguiria indefinidamente se o processo de *regressão* não entrasse em cena para interromper o conflito. A regressão é o movimento para trás da libido. Através da colisão e das interações, os contrários se privam continuamente de sua energia (diz-se que eles se despotencializam) pelo processo de regressão. A regressão *subtrai* energia dos elementos psíquicos, enquanto a progressão *adiciona* energia a esses mesmos elementos. Durante a crise, ao longo do processo de regressão, ocorre uma constante perda de valor dos contrários e a nova função pode evoluir de maneira gradual. Esta nova função recentemente desenvolvida só se afirma a princípio indiretamente sobre o nosso comportamento consciente. Continuando então com nosso exemplo, diremos que a nova função é o pensamento que vem substituir o sentimento.

De modo que o pensamento é a nova função ativada pela regressão, e ao atingir a consciência parece um tanto quanto estranho, disfarçado e rude de aspecto ou, como pitorescamente o descreve Jung, "ele estará encoberto pelo lodo do fundo" (vol. 8, p. 34). Esse "fundo" é o estado inconsciente profundo de onde se fez emergir a função do pensamento. Enquanto o sentimento era a função predominante, tudo se orientava para essa função; os elementos ficavam cuidadosamente excluídos de uma interação com qualquer outra função, como a do pensamento. Desta maneira, a função de pensar nunca chegava a ter uma oportunidade de se desenvolver; permanecia não utilizada, destreinada e indiferenciada por todo o tempo de predomínio da função do sentir.

Ao ativar pela regressão uma função inconsciente, a nova função se depara com problemas de adaptação externa. Uma vez obtida essa sua adaptação inicial, pode recomeçar a progressão da libido. Graças à progressão, a nova orientação do pensamento pode desenvolver uma sensação de certeza e segurança, tal como fizera anteriormente a progressão cotidiana com relação à orientação do sentimento.

A adaptação não se faz necessária apenas em virtude dos acontecimentos do mundo exterior; é mister que a pessoa se adapte também a seu mundo psíquico. Levemos adiante o nosso exemplo: sendo o sentimento a função dominante, a orientação da pessoa para seu próprio inconsciente se fará nos moldes do pensamento. Isto pode ser suficiente a princípio mas nem sempre o será a longo prazo, sendo preciso contar também com a função do sentimento, assim como se fazia necessário o contrário ao lidar com o mundo exterior.

Afirma Jung que o homem "só pode atender às injunções da necessidade externa de maneira ideal quando está adaptado a seu mundo interior, isto é, quando está em harmonia consigo mesmo. E vice-versa: ele só se pode adaptar a seu mundo interior e conseguir uma harmonia consigo mesmo quando está adaptado às condições ambientais" (vol. 8, p. 39). A interdependência das duas espécies de adaptação significa que não é lícito a uma pessoa negligenciar uma delas sem prejudicar a outra. Lamentavelmente, a vida moderna empresta muita ênfase ao ajustamento externo sem compreender que tal coisa não pode ser obtida na ausência de um ajustamento interno. Tanto a progressão como a regressão são essenciais a um bom ajustamento.

Observa Jung também que a regressão pode ser benéfica visto ativar os arquétipos que contêm uma boa dose de sabedoria racial. Essa sabedoria racial capacita muitas vezes o indivíduo a resolver os problemas imediatos com que se defronta em sua vida presente. Por exemplo: o arquétipo de herói pode conferir a uma pessoa a coragem imprescindível para lidar com uma situação crítica e desqualificadora. Jung aconselha períodos de retração ou retiro, não para fugir aos problemas da vida, mas sim para buscar novas energias no reservatório do inconsciente. Nós o fazemos todas as noites, quando dormimos. O sono fornece uma oportunidade para uma descida ao inconsciente e para as manifestações do inconsciente nos sonhos. Infelizmente, o homem moderno não dá uma atenção suficiente ao poder e à sabedoria inerentes aos sonhos.

Jung nos acautela para que não confundamos *progressão* e *desenvolvimento*. O primeiro diz respeito à direção em que flui a energia; o segundo, à diferenciação (individuação) das estruturas. Regressão e progressão são análogas ao fluxo e refluxo da maré. Evidentemente, tanto a progressão como a regressão, ativando as estruturas, podem influir indiretamente sobre o desenvolvimento.

Também não se deveria confundir progressão e regressão com extroversão e introversão, com as quais parecem assemelhar-se de modo superficial. Na realidade, tanto a progressão como a regressão podem ocorrer sob forma extrovertida ou introvertida. Progressão e regressão são conceitos de energia e não estruturas formais ou elementos da psique, os quais foram descritos no capítulo anterior.

VII. CANALIZAÇÃO DA ENERGIA

Tal como a energia física, a energia psíquica é encaminhada, desviada e transformada, ou, como diz Jung, ela é *canalizada*.

A descrição de alguns paralelos com a energia física talvez ajude a esclarecer o conceito de canalização. Uma cachoeira pode constituir um espetáculo lindo para os olhos, mas, além de seu valor estético, tem pouca utilidade para o homem em sua forma natural. Quando parte da água do alto da cachoeira é desviada para tubulações que descem até as turbinas de uma usina elétrica, gera-se eletricidade. Essa eletricidade é levada por fios e será utilizada para uma infinidade de propósitos. O homem tem aproveitado a energia fazendo-a trabalhar para si. Algumas das técnicas a que recorre são bastante simples como a do aproveitamento do vento para impelir um barco a vela, do carvão e da madeira para produzir calor, e da água para mover uma roda-d'água. Outras são mais complexas, como a utilização da gasolina ou outros combustíveis para acionar um motor a combustão, e uma turbina a vapor; e mais recentemente, as usinas de energia nuclear. O corpo transforma a energia colhida nos alimentos em energia muscular. A psique também transforma ou canaliza a energia. Vejamos como isto é feito, segundo Jung.

A fonte de energia natural está nos instintos. Essa energia instintiva segue o próprio curso ou gradiente, tal como uma cachoeira; mas, a exemplo desta última, não canaliza nenhum trabalho. Essa energia natural precisa ser encaminhada a novos canais a fim de que se faça um trabalho. "Assim como uma usina de força imita uma cachoeira e se apossa de sua energia, também o mecanismo psíquico imita o instinto capacitando-se assim a aplicar sua energia a objetivos especiais... A transformação da energia é efetuada graças à sua canalização para um *análogo do objeto do instinto*" (vol. 8, p. 42; o grifo é de Jung). É a esse análogo que Jung dá o nome de *símbolo*. A usina de força é um símbolo da cachoeira.

Façamos uma pausa para ver o que significa a palavra trabalho para Jung. O indivíduo que leva uma vida perfeitamente instintiva — isto é, um homem natural em contraposição ao homem civilizado — viveria cada instante de acordo com as imposições de seus instintos, tal como o fazem os animais. Ele comeria quando estivesse com fome, beberia quando tivesse sede, copularia quando sexualmente excitado, fugiria quando amedrontado, feriria quando irado, e dormiria quando estivesse cansado. Seguiria o gradiente de sua energia instintiva, tal como o rio acompanha um gradiente descendente pelo campo afora, ou a fumaça segue um gradiente ascendente ou o salmão nada corrente acima para desovar, e algumas aves migram para o Sul no inverno.

O homem em estado natural não teria cultura, nem formas simbólicas, nem desenvolvimentos técnicos, nem organizações sociais, nem escolas ou igrejas, etc. Quando a energia natural é desviada para canais culturais ou simbólicos, temos o que Jung denomina trabalho.

Como se faz esse desvio? Por imitação ou estabelecimento de analogias, afirma Jung. Uma coisa qualquer se assemelha a uma outra. Por exemplo: a origem do conceito físico de força deve ser buscada na percepção de nosso próprio poder muscular.

Exemplo de canalização é o cerimonial da primavera, realizado por uma tribo australiana. "Eles cavam um buraco no chão, de forma oval e o rodeiam de tufos de plantas para que se assemelhe aos genitais de uma mulher. Dançam então ao redor do buraco segurando seus chuços à sua frente de modo a imitar um pênis ereto. Enquanto dançam, enfiam os chuços no buraco, gritando algo equivalente a 'Não é uma cova, não é uma cova, é uma boceta...' Trata-se, sem dúvida alguma, de uma canalização de energia e de sua transferência para um análogo do objeto original por intermédio da dança e da imitação do ato sexual" (vol. 8, pp. 42-43).

Poderíamos citar muitos outros exemplos de canalização. A dança do búfalo entre os índios Pueblo prepara os rapazes para a caça. A tribo dos Aruntas da Austrália realiza uma cerimônia quando um de seus membros é assassinado por outra tribo. Os cabelos do morto são amarrados à boca e ao pênis dos homens escolhidos para vingar o crime. Isso os enche de cólera, fornecendo assim um incentivo a mais para que encontrem o assassino. Existem muitas cerimônias semelhantes entre os povos primitivos: cerimônias e danças que garantem a fertilidade do solo, que trazem a chuva, que protegem contra os maus espíritos, que preparam para a guerra, aumentam a fertilidade de uma mulher e conseguem força, poder e saúde. A complexidade de tais cerimônias demonstra quanta atenção se faz necessária para desviar a energia psíquica de seu fluxo natural de hábito cotidiano para uma nova atividade. Podemos compará-la ao esforço imprescindível para transformar a força da água em energia elétrica.

Essas cerimônias têm valor porque elas dirigem a atenção para a tarefa a ser empreendida — a matança de búfalos ou a semeadura das plantações — e assim aumentam as probabilidades de êxito. As cerimônias atuam como uma espécie de processo de programação com vistas a preparar psicologicamente a pessoa para a tarefa que está prestes a executar.

É importante ter sempre presente, diz Jung, que o símbolo, embora se *assemelhe* ao original, não *é idêntico* a ele. O fluxo de um rio contido por suas margens assemelha-se ao fluxo da eletricidade ao longo dos fios mas a eletricidade não é igual à água corrente. A dança se assemelha a uma cópula mas não é uma cópula. A perfuração da madeira para fazer fogo assemelha-se ao ato sexual mas não é o ato sexual. As atividades culturais e técnicas têm origem em analogias com atividades instintivas mas, uma vez desenvolvidas ou inventadas, possuem as próprias qualidades e características independentes. Teremos muito mais coisas a dizer no capítulo seis a respeito da propensão do homem para constituir símbolos.

Jung observa que o homem moderno depende mais da *vontade* que das cerimônias. Ele resolve fazer uma coisa e a faz ou aprende a fazê-la. Não perde tempo com danças e cantos, salvo como divertimentos. Muito embora Jung chame bem depressa a atenção para o fato de o homem moderno recorrer aos rituais e à magia quando se sente inseguro quanto ao resultado de algum novo empreendimento.

Esses "atos de vontade" também produzem análogos (símbolos) dos instintos originais. Esses objetos, ou atividades, análogos produzem um efeito estimulante ou inspirativo sobre a imaginação, de modo que a psique fica preocupada, fascinada e possuída por eles. Com isto, cria-se o incentivo para que a mente execute operações de toda espécie sobre o objeto e efetue descobertas a respeito do mesmo que de outra forma lhe teriam passado despercebidas. Jung observa que a ciência moderna é um fruto da magia primitiva. A era da Ciência permite que os sonhos mágicos de controle dos fenômenos naturais se transformem em realidade. Canalizando a energia dos instintos para os símbolos científicos dos mesmos, o homem tem podido moldar o mundo. Como diz Jung, "...sobram-nos razões... para prestar homenagem ao símbolo como instrumento de valor incalculável para se utilizar o simples fluxo instintivo da energia num trabalho efetivo" (vol. 8, p. 47).

Na natureza física, só uma pequeníssima quantidade da energia natural pode ser transformada em energia efetiva de trabalho, ficando com isso uma parte muito maior em seu estado natural. Aplica-se esta mesma condição à energia instintiva: só uma pequena parte pode ser desviada para a constituição de símbolos. A maior parte prossegue em seu fluxo natural para manter o curso regular da vida. Só uma vez nos é dado conseguir transformar uma parte da libido (energia psíquica) por meio de um "ato de vontade": quando inventamos um símbolo forte que desviará para si a energia.

Embora a libido seja utilizada exclusivamente para sustentar o sistema da personalidade, uma certa quantidade de energia permanece não utilizada e disponível para a criação de novos símbolos. Esse excesso de libido se deve à incapacidade do sistema da personalidade de igualar completamente as diferenças nas intensidades de energia. Por exemplo: se uma quantidade de energia for transferida da persona para a anima e esta última não incorporar a quantidade toda de energia, uma parte dela estará sobrando. É essa energia excedente que fica disponível para que se canalizem ou criem novos símbolos (analogias). Tais símbolos nos levarão a novas atividades, assim como a outros interesses, descobertas e padrões de vida. A libido excedente permitiu que o homem deixasse de ser uma criatura de instintos naturais e, passando pelo estágio da superstição e da magia, chegasse à moderna era da Ciência, da Tecnologia e da Arte. Por vezes, evidentemente, o excesso de energia é utilizado para finalidades destruidoras e até diabólicas. Os "atos de vontade" tanto podem ser usados para destruir como para criar.

VIII. RESUMO

A psique é um sistema de energia relativamente fechado. Ela extrai sua *energia* (libido) principalmente das experiências que penetram na psique por intermédio dos órgãos dos sentidos. Uma fonte secundária é a da energia instintiva; entretanto, a maior parte da energia é usada nas atividades puramente instintivas ou da vida natural. A quantidade de energia investida num elemento da psique é designada por *valor*. A intensidade de um valor pode ser calculada de maneira relativa, mas não pode ser medida de maneira absoluta.

A distribuição de energia por toda a psique é determinada por dois princípios. O princípio de *equivalência* determina que, havendo perda de energia num componente psíquico, uma quantidade equivalente aparecerá em outro, ou noutros componentes. De acordo com o princípio de *entropia,* a energia tende a passar de um componente de alto valor para outro de baixo valor até que os dois valores se igualem.

A libido pode fluir em duas direções: tanto *progressivamente,* visando a uma adaptação às situações externas, como *regressivamente,* para ativar o material inconsciente. A energia instintiva pode ser desviada para uma nova atividade quando se assemelha (é análoga a, ou um símbolo de) à atividade instintiva. É o que se chama *canalização.*

Os conceitos-chave na psicodinâmica junguiana são: a energia psíquica ou libido, o valor, a equivalência, a entropia, a progressão e a regressão, e a canalização.

REFERÊNCIA

JUNG, C. G. *Collected Works.* Princeton, N. J.: Princeton University Press. Vol. 8, *The Structure and Dynamics of the Psyche.*

Capítulo quatro

O DESENVOLVIMENTO DA PERSONALIDADE

Existem dois motivos que compelem um psicoterapeuta a adquirir uma firme noção dos processos de desenvolvimento da personalidade. Primeiro: os pacientes atendidos pelo psicoterapeuta provêm geralmente de todas as faixas de idade, desde a infância até a velhice. O estado psíquico de um jovem se encontra num estágio de desenvolvimento diferente do de uma pessoa mais velha. Conseqüentemente, os problemas trazidos pelo jovem ao psicoterapeuta não são os mesmos que fazem com que uma pessoa de mais idade precise de auxílio. Os problemas de uma pessoa na primeira metade da vida se relacionam às adaptações instintivas, enquanto que os da segunda metade dizem respeito às adaptações da pessoa ao seu próprio ser.

Segundo motivo: para ser eficaz, a psicoterapia deve provocar o crescimento do paciente. Uma compreensão do que significa crescer, da natureza dos processos de crescimento e da maneira de ativar esse crescimento, constitui um conhecimento essencial para o psicoterapeuta.

Alicerçando-se em sua vasta experiência, Jung criou um certo número de conceitos básicos referentes ao desenvolvimento da personalidade. São estes os conceitos que vamos discutir no presente capítulo.

I. INDIVIDUAÇÃO

O indivíduo começa a vida num estado de totalidade indiferenciada. Depois, tal como a semente cresce e se transforma em árvore, o indivíduo se desenvolve para chegar a ser uma personalidade plenamente diferenciada, equilibrada e unificada. É pelo menos esta a direção que toma o desenvolvimento, embora raramente, ou nunca, seja alcançada essa meta de uma diferenciação, de um equilíbrio e de uma unidade completa, salvo por um Jesus ou por um Buda, como observa Jung. Esta luta pela auto-realização, ou pela consumação do próprio eu, é arquetípica, isto é, inata. Ninguém consegue escapar à poderosa influência do arquétipo de unidade, embora varie de pessoa para pessoa o curso que tal expressão pode adotar e o êxito obtido na realização da meta.

O conceito-chave de desenvolvimento, para Jung, é o da *individuação*. Afirma-se que os vários sistemas de personalidade descritos no capítulo dois vão-se tornando cada vez mais individualizados durante a vida do indivíduo. Isto não significa apenas que cada sistema se diferencie de todos os demais; quer dizer também, e isto é ainda mais importante, que cada sistema vai-se diferenciando dentro de si mesmo. Começando como uma simples estrutura, ele se transforma numa estrutura complexa, tal como uma larva se transforma em borboleta. Quando falamos em complexidade, queremos dizer que a estrutura é capaz de se expressar de diversas maneiras. Por exemplo: o ego subdesenvolvido dispõe de poucos e simples recursos para se fazer consciente; enquanto vai-se individualizando, seu repertório de atos conscientes também vai-se expandindo enormemente. O ego individualizado é capaz de proceder a sutis discriminações entre suas percepções do mundo; ele capta relações tênues entre as idéias e esquadrinha mais profundamente o significado dos fenômenos objetivos.

Da mesma forma, a persona, a anima, a sombra e os demais arquétipos do inconsciente coletivo, assim como os complexos do inconsciente pessoal passam a se expressar de maneira mais sutil e intrincada à medida que se vão individualizando. Quando afirma que o homem está constantemente buscando melhores símbolos, Jung quer dizer que a individuação crescente exige válvulas mais elaboradas e mais requintadas. Por exemplo: as cantigas de ninar e os jogos simples satisfazem às crianças, mas não ao indivíduo adulto. Este precisa do simbolismo mais complexo da religião, da literatura, das artes e das instituições sociais.

A individuação é um processo autônomo e inato, o que significa que não precisa de estimulação externa para começar a existir. A personalidade de um indivíduo está destinada a individualizar-se tão fatalmente quanto o corpo está destinado a crescer. Mas, assim como o corpo precisa de uma alimentação adequada e de exercício para crescer de uma maneira saudável, também a personalidade necessita de experiências adequadas e de educação para sua individuação sadia. E assim como o corpo pode ficar raquítico, deformado e doentio em virtude de uma dieta inadequada ou por falta de exercício, também a personalidade pode ser deformada pelas deficiências em suas experiências e em sua educação. Como observa Jung, por exemplo, o mundo moderno não oferece oportunidades convenientes para a individuação do arquétipo da sombra. As expressões dos instintos animais na criança são em geral punidas pelos pais. O castigo não provoca o desaparecimento do arquétipo da sombra — nada seria capaz de o conseguir — mas somente a sua repressão. Ele retorna à esfera inconsciente da personalidade onde permanece em estado primitivo e indiferenciado. Depois, quando rompe a barreira da repressão — como está sujeita a fazer de vez em quando — a sombra se manifesta de maneira sinistra e patológica. O selvagem sadismo da guerra moderna e as grosseiras obscenidades da pornografia exemplificam as ações de uma sombra indiferenciada.

Somente através da conscientização pode um sistema de personalidade proceder à sua individuação. Supõe-se que seja — ou que deveria ser — a meta suprema da educação tornar consciente o que é inconsciente. Educar, como indica a etimologia da palavra, é tirar de dentro da pessoa algo que já está presente nela em estado nascente, mas não encher de conhecimentos um recipiente vazio.

Para um desenvolvimento saudável, devem ser dadas a todas as facetas da personalidade oportunidades iguais de se individualizar. Porque, se ficar descurada uma parte da personalidade, essa parte descurada encontrará meios anormais de se expressar. A inflação de um sistema cria uma personalidade assimétrica, tendenciosa. Suponhamos que o ambiente em que está sendo criada uma criança enfatize os padrões convencionais de conduta. Espera-se que a criança finja gostar de uma coisa que lhe desagrade e não gostar de outra que lhe agrade. Ensinam-lhe a pensar e a agir de acordo com um conjunto tradicional de valores. Em linguagem junguiana, essa criança desenvolve uma persona inflada. O comportamento consciente de uma pessoa assim caracteriza-se por uma falta de entusiasmo, de vitalidade e de espontaneidade. Ela não passa de uma máscara, de um fantoche da sociedade.

A psicoterapia é antes de tudo um processo de individuação. Em seu livro *Psychology and Alchemy* (Psicologia e Alquimia) Jung explora o desenrolar da individuação, tal como a expressam os sonhos e visões de um paciente. Noutro trabalho intitulado "Um Estudo do Processo de Individuação" (vol. 9i), a individuação se expressa através de uma série de aquarelas feitas por uma mulher de meia-idade que estava sendo tratada por Jung. As pinturas se apresentam sob forma de mandalas, isto é, elas adotam formas circulares (representando a psique) contendo desenhos intrincadamente equilibrados. Uma análise dos sucessivos desenhos conta a história do processo de individuação desta mulher. Jung observa que os pacientes reconhecem com freqüência os efeitos tranqüilizadores que obtêm traçando desenhos de mandala. O leitor encontrará cinqüenta e três desenhos deste tipo reproduzidos no artigo de Jung "Concerning Mandala Symbolism" ("Com Referência ao Simbolismo da Mandala") (vol. 9i).

II. TRANSCENDÊNCIA E INTEGRAÇÃO

A integração da personalidade constitui um dos temas dominantes da psicologia junguiana. De que maneira se pode realizar tal integração se a personalidade é constituída de tantos sistemas diferentes, alguns dos quais, pelo menos, parecem colidir uns com os outros? Por exemplo: é difícil perceber como podem a sombra e a persona chegar a fazer parte de um mesmo todo integrado.

O primeiro passo para a integração é, como acabamos de ver, a individuação de *todos* os aspectos da personalidade. O segundo estágio é controlado pelo que Jung denomina *função transcendente*. Essa função é dotada da capacidade de unir todas as tendências contrárias da personalidade e de trabalhar para que se atinja a meta da totalidade. O objetivo da função transcendente, escreve Jung, é "a realização, sob todos os seus aspectos, da personalidade originalmente oculta no plasma do germe do embrião; a produção e desdobramento da totalidade potencial original". A função transcendente é o instrumento da realização da unidade ou arquétipo do eu. Tal como o processo de individuação, a função transcendente é inerente à pessoa.

Já dissemos que a individuação e a integração são etapas distintas. Na verdade, elas caminham *pari passu* de modo que a diferenciação e a unificação são processos coexistentes no desenvolvimento da personalidade. Ao tempo em que estão tendo a possibilidade de se individuar pelo fato de poder exprimir-se em atos conscientes (em lugar de ficar reprimidos), todos esses componentes tendem também a formar um amálgama. Vale dizer: todo ato consciente vem exprimir os dois lados da natureza de um homem. Em lugar de oposição ou separação, há uma mistura harmoniosa. O homem cuja anima foi integrada a sua masculinidade *não é* um indivíduo cujo comportamento obedece por vezes ao modelo masculino e outras vezes ao feminino. Ele *não é* em parte homem e em parte mulher. Pelo contrário, fez-se uma verdadeira síntese de tal forma que se pode dizer que, salvo no sentido biológico, a transcendência aboliu os gêneros.

Evidentemente, a auto-realização perfeita é somente um ideal para o qual está motivada a personalidade; raramente, ou nunca, é alcançada.

Devemos considerar, por conseguinte, os fatores que se opõem à realização de uma personalidade completamente individualizada e integrada. Jung julgava possível que a hereditariedade estivesse subjacente a uma personalidade assimétrica. Uma pessoa pode nascer com uma forte disposição para a extroversão ou para a introversão; talvez esteja destinada a se encaixar mais no tipo sensível que no pensador; a natureza de sua anima ou a natureza de sua sombra pode ser fraca ou forte. A influência da hereditariedade sobre a personalidade é assunto que pouco conhecemos.

A outra influência poderosa sobre o desenvolvimento da personalidade é, evidentemente, a ambiental. Como todos os outros grandes psicólogos, Jung foi um crítico social. Quer isto dizer que identificou e analisou os fatores que lhe pareciam responsáveis pelo retardamento ou pela deformação do desenvolvimento. O ambiente, é bem verdade, também pode ajudar no desenvolvimento. É o que faz sempre que alimenta as qualidades inerentes do indivíduo ou contribui para equilibrá-las. Ele atrapalha o desenvolvimento quando priva a pessoa dos alimentos necessários, ou quando lhe fornece os suprimentos errados.

A) O PAPEL DOS PAIS. Virtualmente todo psicólogo que tenha estudado o desenvolvimento da personalidade enfatiza a proposição por si mesma evidente de que os pais de uma criança desempenham um papel importantíssimo no desenvolvimento do caráter do filho. Eles (os pais) são censurados pelos erros dos filhos e elogiados — embora não tão freqüentemente — pelas virtudes dos mesmos. Jung, com naturalidade, reconhece tal verdade, evidente por si mesma.

Ele propõe, entretanto, algumas idéias bastante novas a respeito do comportamento dos pais sobre a personalidade da criança. Em primeiro lugar, a criança não possui uma identidade distinta nos primeiros anos de vida; na psique é um reflexo das dos pais. A psique da criança está portanto sujeita a refletir todos os distúrbios psíquicos dos pais. Conseqüentemente, a psicoterapia dos filhos consiste acima de tudo em analisar os pais. Jung chega a dizer que os sonhos dos filhos constituem sonhos dos pais, mais do que das próprias crianças. Num caso por ele descrito, o pai foi analisado através dos sonhos do filho. Os sonhos do menino eram um espelho do estado da psique do pai num dado momento.

Quando a criança vai para a escola, sua identificação com os pais começa a diminuir e ela passa a desenvolver a própria individualidade. Existe, por certo, o perigo de que os pais continuem a dominar o filho superprotegendo-o, tomando decisões por ele, e impedindo-o de ter uma ampla faixa de experiências. Nessas circunstâncias, a individuação da criança ficará prejudicada.

O mesmo há de acontecer se um ou se ambos os pais tentarem impor ao filho a própria constituição psíquica, ou se qualquer um dos dois procurar compensar as próprias deficiências psíquicas encorajando o filho a desenvolver em sua personalidade aquelas deficiências paternas. Por exemplo: pais introvertidos podem querer que os filhos sejam como eles ou, pelo contrário, que sejam extrovertidos. Em ambos os casos, a personalidade da criança sofrerá desequilíbrios. Se este filho for transformado num campo de batalha para um pai e uma mãe que tendem a projetar nele estruturas psíquicas diferentes, o resultado será ainda mais prejudicial.

O papel da mãe é diferente do papel do pai. As experiências do menino com a mãe determinam de que maneira sua *anima* vai-se desenvolver, enquanto suas experiências com o pai determinam como se fará o desenvolvimento de sua *sombra*. Com uma menina acontece o oposto. Tanto o pai como a mãe contribuem para a formação da *persona* do filho.

B) A INFLUÊNCIA DA EDUCAÇÃO. Como foi dito no capítulo primeiro, Jung passou por uma série de experiências desagradáveis no seu tempo de escola, particularmente com professores que não o compreendiam. A seu ver, grande parte da matéria que lhe competia estudar era enfadonha. Lembrando-se talvez de seus próprios dias escolares, em algumas palestras com educadores Jung enfatizou a necessidade de compreender o desenvolvimento psíquico da infância e da adolescência. Parecia-lhe que a influência do professor sobre o desenvolvimento da personalidade dos alunos era tão importante quanto à influência sobre as realizações intelectuais e escolásticas dos mesmos. Conseqüentemente, a formação dos professores deveria incluir temas psicológicos e, o que é ainda mais importante, essa formação deveria enfatizar a necessidade de o futuro professor conhecer a própria personalidade. Caso contrário, ao penetrar numa sala de aula, ele levará consigo os próprios complexos e problemas e os projetará nos alunos. Assim como os filhos refletem os problemas psíquicos dos pais, também os alunos refletem os problemas psíquicos dos professores. Como não seria nada realista esperar que todos os professores se submetam a uma terapia analítica, Jung os concita a manter um registro de seus sonhos e a procurar descobrir alguma coisa a respeito de si mesmos através dessas erupções noturnas do inconsciente.

Para Jung, estava fora de dúvida que os professores constituem as influências mais poderosas sobre a individuação da criança, sobrepujando até mesmo as dos pais. Os professores são, ou deveriam ser, treinados para trazer para o consciente o ego inconsciente dos alunos. Eles também ampliam sua consciência proporcionando-lhes uma profusão de novas experiências e símbolos que atraíram a energia dos instintos. Os professores estão em condições de identificar as desarmonias da personalidade de uma criança e de ajudá-la a fortalecer os elementos mais fracos. O aluno que se inclui na categoria do pensador superdesenvolvido pode ser estimulado a expressar a função indiferenciada do sentimento, o introvertido será encorajado a desenvolver a pouca extroversão. É particularmente importante que as professoras tomem conhecimento do estado da anima de um menino, e que os professores tenham consciência do estado do animus de uma menina. Entretanto, a função mais importante do professor é reconhecer a individualidade de cada um de seus discípulos e favorecer o desenvolvimento equilibrado de tal individualidade.

C) OUTRAS INFLUÊNCIAS. A sociedade mais ampla em que vive o indivíduo também provoca um impacto sobre a personalidade do mesmo. Jung faz notar que as modas se modificam com relação aos tipos de personalidade preferidos. Num certo período da História pode-se dar preferência ao sentimento; numa outra fase, a função mais em voga pode ser a do pensamento. A anima pode ser reprimida em determinada época, e estimulada em outra. Os desequilíbrios da personalidade resultam com freqüência dessas oscilações da moda. No final da década de 1960, a anima dos homens e o animus das mulheres começaram a se individualizar de maneira mais acelerada. Ao mesmo tempo, a persona passou a sofrer uma deflação, e a expansão da consciência se tornou um dos objetivos da geração nascida nos anos do após-guerra.

Jung afirma igualmente que culturas diferentes também podem favorecer diferentes personalidades. No Oriente, por exemplo, a introversão e a intuição são favorecidas ao passo que a extroversão e o pensamento são mais valorizados no Ocidente.

A individuação não é um processo que opera exclusivamente no indivíduo. Ela se exerce também ao longo das gerações e mais gerações de homens e entre o civilizado e o primitivo. O homem moderno é mais individualizado que o antigo; o civilizado, mais individualizado que o primitivo. Na prática, isto quer dizer que as formas antigas de pensamento e de comportamento não podem atender às exigências da personalidade do homem moderno. No linguajar de Jung, o homem moderno necessita de símbolos mais complexos por meio dos quais possa expressar seu nível mais elevado de individuação. A Renascença foi um período de tremenda transformação, no qual foram criados muitos símbolos novos. O que hoje se faz necessário, declara Jung, é uma nova Renascença do simbolismo. Na falta de símbolos viáveis, o que ocorre é o desencadeamento dos arquétipos reprimidos e não-desenvolvidos através de atos primitivos e autodestruidores.

Houve épocas em que a religião desempenhou um papel muito mais importante que o de hoje no sentido de ajudar o indivíduo a individualizar e integrar a personalidade. Ela o fazia fornecendo-lhe símbolos poderosos para a realização do eu. À medida que as instituições religiosas se foram envolvendo cada vez mais com questões seculares, como as reformas sociais, e deram menos atenção à preservação da viabilidade dos símbolos e dos arquétipos, começou a diminuir o valor da religião para o desenvolvimento psíquico do indivíduo. Jung escreveu extensamente sobre Psicologia e Religião, e suas concepções exerceram uma forte influência sobre alguns clérigos. Um dos resultados foi o desenvolvimento do aconselhamento pastoral, campo no qual os eclesiásticos treinados em Psicologia analítica oferecem um aconselhamento em moldes religiosos. O recente surto de interesse, particularmente entre os jovens, pelos vários tipos de experiências religiosas talvez se deva, em parte, aos escritos de Jung.

III. REGRESSÃO

Tivemos ocasião de discutir, no capítulo anterior, o conceito de regressão. No contexto da dinâmica, a regressão diz respeito ao fluxo para trás da libido. Neste capítulo, discutiremos a regressão em termos de desenvolvimento.

O desenvolvimento pode seguir tanto uma direção para a frente, progressiva, como uma direção para trás, regressiva. Progressão significa que o ego consciente está harmonizando a realidade ambiente com as necessidades de toda a psique. Quando essa harmonia se rompe devido a alguma frustração ou privação criada pelo ambiente, a libido se retrai dos valores extrovertidos do ambiente indo aplicar-se aos valores introvertidos do inconsciente. É a esta retração para dentro do próprio *self* que Jung dá o nome de *regressão*. A regressão pode ser útil para o ajustamento quando a pessoa encontra no inconsciente a solução do problema. Lembremos que o inconsciente contém o conhecimento e a sabedoria do passado pessoal e racial do indivíduo. Retrair-se do alvoroço do mundo e entregar-se de vez em quando a uma tranqüila meditação é uma medida altamente preconizada por Jung como recurso para preservar ou conseguir a harmonia e a integração. Muitas pessoas criativas se entregam a retiros periódicos a fim de se revitalizar tomando parte nos vastos recursos do inconsciente. O próprio Jung punha em prática o que pregava, retirando-se em sua casa de Bollingen.

Sem dúvida alguma, nós nos retiramos todas as noites, em nosso sono. É durante esse tempo que a mente se desliga quase completamente do mundo exterior e se volta para si mesma produzindo os sonhos. Essa regressão noturna para dentro do inconsciente é capaz de proporcionar à pessoa informações muito úteis sobre a natureza dos obstáculos que impedem o desenvolvimento, e sugestões quanto à maneira de superar tais obstáculos. Lamentavelmente, as pessoas não costumam dar muita atenção aos sonhos, que constituem para Jung uma rica fonte de sabedoria psíquica. Dificilmente se encontra um escrito seu em que não fique ilustrado o emprego da análise dos sonhos para a compreensão da base arquetípica da personalidade. Teremos mais alguma coisa a dizer sobre as concepções de Jung com referência aos sonhos, no capítulo seis.

A interação da progressão e da regressão no desenvolvimento pode ser ilustrada pelo seguinte exemplo. Um indivíduo superdesenvolve de tal forma a persona, que ele pouco mais será que um robô agindo de acordo com as convenções e tradições sociais. Conseqüentemente, esse indivíduo se torna desatento, enfadado, irritável, insatisfeito e deprimido. Sente, por fim, a necessidade de escapar à vida mundana e se afasta. Deixa cair a rígida máscara do conformismo e descobre as riquezas ocultas do inconsciente. Retorna à sua existência cotidiana reanimado e revigorado, sentindo-se uma pessoa mais espontânea e criativa e menos fantoche do ambiente. As lendas relacionadas com renascimentos expressam em termos míticos os benefícios da regressão.

Infelizmente, o exemplo dado acima é idealizado. A maioria das pessoas que se sentem prisioneiras das convenções recorrem a diversões como a bebida, o jogo, as brigas e a sensualidade, com as quais elas nada chegam a aprender.

IV. ESTÁGIOS DA VIDA

Embora o desenvolvimento se faça continuamente durante toda a existência individual, ocorrem no seu desenrolar diversas transições importantes, de modo que podemos falar em *estágios da vida*. Em lugar dos sete estágios descritos por Shakespeare, Jung identificou quatro.

A) INFÂNCIA. Este estágio tem início com o nascimento e dura até a puberdade ou maturidade sexual. Por ocasião do nascimento e durante vários anos, virtualmente não existem problemas para a criança. Os problemas requerem um ego consciente, coisa que a criança muito nova não tem. Ela é consciente, sem dúvida alguma, mas existe pouca ou nenhuma organização em suas percepções, e sua memória consciente é muito fugaz. Não existe, portanto, continuidade de consciência e nem senso de identidade pessoal. Nos primeiros anos de vida, quando a vida psíquica é governada pelo instinto, a criança vê-se como inteiramente dependente dos pais e vive cercada por uma atmosfera psíquica proporcionada por eles. Seu comportamento é anárquico, destituído de ordem e de controle, e é caótico. Os instintos conferem-lhe uma certa ordem: ela fica com fome e com sede periodicamente, excreta quando a bexiga ou os intestinos estão cheios, e dorme quando cansada. Porém a ordem existente em sua vida foi quase toda programada pelos pais.

Posteriormente, durante este estágio, o ego começa a formar-se, parcialmente, em conseqüência de uma ampliação da memória e em parte porque vai-se energizando e individualizando um complexo de ego em torno do qual as percepções associam-se a um senso de identidade pessoal: uma sensação do próprio eu. A criança começa a falar de si na primeira pessoa. Quando entra na escola, começa a emergir da clausura paterna, ou do útero psíquico.

B) JUVENTUDE E INÍCIO DA MATURIDADE. Este estágio é anunciado pelas alterações fisiológicas ocorridas durante a puberdade. "Acompanha a transformação fisiológica uma revolução psíquica" (vol. 8, p. 391). Jung se lhe refere dando-a como um "nascimento psíquico", porque a psique começa então a adquirir a forma própria. A revolução psíquica torna-se aparente quando os adolescentes se afirmam com muita força e excitação. Nos anos da adolescência — qualificada muitas vezes de idade insuportável, e insuportável tanto para os pais quanto para os jovens — a psique fica sobrecarregada de problemas, de decisões e da necessidade de fazer muitos e variados tipos de adaptação à vida social. Muitos destes problemas têm origem no momento em que o indivíduo se defronta com as imposições da vida que abruptamente põem fim às fantasias infantis.

Quando o indivíduo está adequadamente preparado, ajustado e consciente, a transição das atividades da infância para uma vocação pode se fazer sem grande dificuldade. Mas quando se apega às ilusões da infância e não consegue reconhecer a realidade, quase que com certeza ele haverá de se deparar com uma infinidade de problemas.

Todos caminham rumo a uma existência responsável, com certas expectativas, e por vezes tais expectativas falham. E falham muitas vezes por não se ajustar à situação com que se defronta o indivíduo. Por exemplo: quando um rapaz passa a mocidade planejando fazer-se piloto de avião e depois descobre que a sua visão não se ajusta ao tipo de vocação, suas expectativas ficarão malogradas. Estas expectativas não poderão ser aplicadas com muita facilidade a outra vocação. Outros motivos que podem levar ao malogro das expectativas são o exagero com que as concebe, o otimismo excessivo ou a atitude pessimista, ou a subestimação dos problemas que possa vir a encontrar.

Nem todos os problemas surgidos no segundo estágio estão relacionados com questões externas, tais como uma vocação ou um casamento. Os problemas podem ser, com igual freqüência, internos: as dificuldades psíquicas. Muitas vezes, observa Jung, trata-se de um distúrbio do equilíbrio psíquico provocado pelo instinto sexual; igualmente freqüente é um sentimento de inferioridade que decorre da sensibilidade extrema e da insegurança.

Em geral, os inúmeros problemas da juventude apresentam uma característica comum: o apego a um estágio infantil da consciência. Algum sentimento profundo em nosso íntimo (um arquétipo infantil) prefere permanecer criança em lugar de crescer.

As tarefas com que se defronta o indivíduo no segundo estágio da vida têm mais a ver com os valores extrovertidos. Ela precisa criar o próprio lugar no mundo. Por este motivo, será da maior importância o fortalecimento da vontade. Um rapaz ou uma moça devem possuir uma vontade suficientemente forte para agir com eficiência ao tomar as suas decisões, a fim de conseguir superar as inúmeras barreiras com que hão de se deparar, e para obter as satisfações materiais que desejam para si e para as suas famílias.

C) A MEIA-IDADE. O segundo estágio termina por volta dos 35 ou dos 40 anos. Nesta idade, a pessoa geralmente está adaptada de maneira mais ou menos satisfatória ao ambiente externo. Firmou-se numa vocação, está casada e tem filhos, tendo-se tornado um participante ativo da comunidade e das questões cívicas. Excetuando algumas frustrações ocasionais, certos desapontamentos e insatisfações, pode-se esperar que uma pessoa de meia-idade viva a segunda metade de sua existência num estado relativamente estabilizado.

Não é o que acontece, entretanto. A segunda metade da vida apresenta problemas de adaptação que lhe são peculiares e para os quais a pessoa não está preparada. A tarefa primordial neste terceiro estágio consiste em centrar de novo a existência em torno de um novo conjunto de valores. A energia anteriormente usada nas adaptações externas deve ser agora dirigida para os novos valores.

Qual é a natureza destes valores que exigem ser reconhecidos depois dos 35 anos de idade? Diz Jung que são valores espirituais. Estes valores espirituais estiveram sempre presentes na psique em estado latente, mas tinham de ficar descurados em virtude da inflação dos interesses extrovertidos e materialistas dos anos da juventude. A necessidade de desviar a energia psíquica dos velhos canais abertos no segundo estágio, dirigindo-a para novos canais, constitui um dos maiores desafios da vida. É um desafio que muitas pessoas não conseguem enfrentar e vencer, e que pode até destruir-lhes as existências.

Os psicólogos pouca atenção têm dado a este período crucial, preferindo concentrar as suas investigações na primeira infância, na infância, na adolescência e na velhice. Jung foi um dos poucos que tentaram compreender a psicologia da maturidade. Diz ele que foi forçado a considerar o problema porque muitos dos seus pacientes — dois terços deles — estavam neste terceiro estágio. Nós nos perguntamos também se as experiências do próprio Jung, ao fazer esta transição, não teriam contribuído para lhe despertar o interesse pelo período em questão. Jung estava com 36 anos quando escreveu *Símbolos de transformação,* livro que lhe assinalou o rompimento com Freud e estabeleceu os fundamentos de toda a sua obra futura e de sua reflexão daí por diante. Ele observa também na autobiografia que depois da publicação do livro atravessou um período improdutivo, no qual podemos supor que estivessem sendo incubados os novos valores.

Muitos pacientes de Jung eram homens e mulheres extremamente talentosos, muitíssimo bem sucedidos em suas carreiras e que ocupavam posições invejáveis na sociedade. Eram com muita freqüência indivíduos altamente criativos e inteligentes. Por que experimentavam a necessidade de consultar Jung? Porque, como lhe confessavam na intimidade do consultório, a vida perdera não somente todo o interesse e o sabor da aventura — o que era compreensível considerando-se-lhes a idade — mas também o significado. As coisas que outrora lhes pareciam extremamente importantes haviam perdido a importância. Suas existências lhes pareciam vazias e sem sentido. Sentiam-se deprimidos.

Jung descobriu o motivo desta atitude depressiva. A energia aplicada aos interesses indispensáveis para que obtivessem uma posição na sociedade fora retirada destes interesses, pois suas metas tinham sido alcançadas. A perda de um valor cria um vácuo na personalidade.

Qual o remédio? A resposta óbvia é que é preciso suscitar novos valores que venham a ocupar o lugar dos valores desgastados, preenchendo-lhes o vácuo. Entretanto, não será qualquer interesse que há de servir. Será preciso que os novos valores possam ampliar os horizontes da pessoa, levando-os além das considerações puramente materiais. Tais horizontes são espirituais e culturais. É a época da auto-realização através da contemplação e da meditação, mais do que pela atividade. Jung expõe a situação da seguinte maneira: "Para o jovem, ainda não adaptado e que até o momento nada realizou, é da maior importância modelar o ego consciente com a maior eficiência possível, isto é, educar a sua vontade... As coisas dão-se de modo diverso com uma pessoa que esteja na segunda metade da vida e que já não tenha necessidade de educar a vontade consciente, mas que, para compreender o significado de sua vida individual, precisa experimentar o próprio ser interior." (vol. 16, p. 50.)

D) VELHICE. É o período da idade muito avançada, e que pouco interessa a Jung. Sob um aspecto, a velhice assemelha-se à infância; a pessoa submerge no inconsciente e não vacila em considerar o problema de uma vida futura que assoma à consciência; o indivíduo idoso mergulha no inconsciente e finalmente nele se dissolve.

A personalidade humana deixa de existir quando o corpo morre? Existirá vida depois da morte? Pode parecer estranho e perverso que um psicólogo levante semelhantes perguntas. Jung não vacilou em considerar a questão de uma vida futura. Sabia que uma crença defendida por tantas pessoas no mundo, e que constituía um elemento fundamental em muitas religiões e que era tema de tantos mitos e sonhos, não deveria ser desdenhosamente posta de lado como mera superstição. Tal crença deve ter alguma base no inconsciente. Uma das possibilidades é a de que a idéia de uma vida depois da morte represente um outro estágio na individuação da psique. Supõe-se que a vida psíquica prossiga depois da morte física porque a psique não havia alcançado a sua auto-realização completa.

V. RESUMO

No desenvolvimento da personalidade entretecem-se duas correntes: a *individuação* das diversas estruturas que compõem a totalidade da psique e a da *integração* destas estruturas num todo unificado (o eu). Estes processos de crescimento são influenciados tanto positivamente como negativamente por um certo número de condições, nelas incluídas a hereditariedade, as experiências da criança com os pais, a educação, a religião, a sociedade e a idade. Opera-se uma mudança radical no desenvolvimento durante a maturidade. Esta mudança constitui uma transição das adaptações ao mundo exterior para as adaptações ao próprio ser interior.

REFERÊNCIAS

JUNG, C. G. *Collected Works*. Princeton, N. J.: Princeton University Press.
Vol. 8. *The Structure and Dynamics of the Psyche*.
Vol. 9i. *The Archetypes and the Collective Unconscious*.
Vol. 12. *Psychology and Alchemy*.
Vol. 16. *The Practice of Psychotherapy*.
Vol. 17. *The Development of Personality*.

Capítulo cinco

TIPOS PSICOLÓGICOS

Em 1921, Jung publicou o resultado de seus estudos sobre os tipos psicológicos. Esse livro, escreveu ele no prefácio, é "o fruto de quase vinte anos de trabalho no campo da psicologia prática. Ele se desenvolveu aos poucos em minha mente, e foi tomando forma a partir das incontáveis impressões e experiências de um psiquiatra no tratamento das doenças nervosas, do intercâmbio com homens e mulheres de todos os níveis sociais, de minhas lides pessoais com amigos e adversários, e finalmente de uma crítica de minhas próprias peculiaridades psicológicas" (vol. 6, p. Xi).

O que Jung realizou em seus *Tipos Psicológicos* teve uma dupla importância: ele identificou e descreveu um certo número de processos psicológicos básicos e mostrou de que maneira esses processos se ligam em várias combinações para determinar o caráter de um indivíduo. Ele se dispôs a transformar uma psicologia geral de leis e processos universais numa psicologia individual que descreva as características exclusivas e o comportamento de uma pessoa específica. O resultado foi, como disse Jung, uma psicologia muito prática. "Uma das mais importantes experiências de minha vida foi descobrir o quão prodigiosamente diferentes são as psiques das pessoas." (vol. 10, p. 137.)

Mostraremos de que maneira se realizou tal aplicação de conceitos abstratos a casos individuais, apresentando primeiro as atitudes e funções básicas, e em seguida uma descrição dos tipos de indivíduos resultantes de várias combinações dessas atitudes e funções em proporções variáveis. É mister compreender que os tipos são categorias nas quais são incluídas pessoas dotadas de características semelhantes porém não necessariamente iguais. Nem numa mesma categoria podem ser encontrados dois padrões de personalidade individuais exatamente iguais.

I. AS ATITUDES

A bem conhecida distinção feita por Jung entre as atitudes básicas da extroversão e da introversão constitui uma dimensão de seu sistema de classificação. Para compreender em sua plenitude o significado dessas palavras-chave, é necessário estabelecer uma distinção entre duas outras palavras: *objetivo* e *subjetivo*. A palavra *objetivo* diz respeito ao mundo que está fora da pessoa e que a cerca; um mundo de indivíduos e de coisas, de costumes e convenções, de instituições políticas, econômicas e sociais, e de condições físicas. Esse mundo exterior é designado pelas palavras-ambiente, meio circundante ou realidade externa. *Subjetivo* designa o mundo interior e privado da psique. É privado porque não pode ser diretamente observado por quem está de fora. Na verdade, ele é tão privado que nem sempre se faz diretamente acessível à mente consciente. O acesso a esses elementos psíquicos inconscientes muitas vezes só pode ser feito mediante a assistência de um psicoterapeuta ou através da análise dos sonhos da pessoa.

Na extroversão, a energia psíquica (libido) é canalizada para as representações do mundo exterior objetivo, e aplicada a percepções, pensamentos e sentimentos referentes a objetos, pessoas e animais, assim como às outras circunstâncias e condições ambientais. Na introversão, a libido flui para as estruturas e processos psíquicos subjetivos. A extroversão é uma atitude objetiva; a introversão é uma atitude subjetiva.

Essas duas atitudes se excluem mutuamente; elas não podem coexistir simultaneamente na consciência embora possam alternar, e realmente o façam, uma com a outra. Uma pessoa pode ser extrovertida em determinadas ocasiões e introvertida em outras. Entretanto, geralmente predomina uma dessas duas atitudes num determinado indivíduo durante a sua existência. Quando predomina a orientação subjetiva, a pessoa é qualificada de *extrovertida,* ao passo que, preponderando a atitude subjetiva, diz-se que a pessoa é *introvertida*.

O introvertido se interessa pela exploração e análise de seu mundo interior; é introspectivo, retraído e muito preocupado com os próprios assuntos internos. Pode parecer aos outros distante, anti-social e reservado. O extrovertido se preocupa com as interações com as pessoas e as coisas. Dá a impressão de ser mais ativo e amistoso e de se interessar pelas coisas que o cercam.

A ascendência de uma atitude sobre a outra é uma questão de grau. Uma pessoa é mais ou menos extrovertida ou introvertida; não é inteiramente uma coisa nem outra. "Só qualificamos de extrovertido um modo de comportamento quando predomina o mecanismo da extroversão." (vol. 6, p. 575.)

Além disso, a distinção fica toldada pela presença no inconsciente da atitude oposta à que é expressa na consciência. O extrovertido consciente é um introvertido em seu inconsciente, e o introvertido consciente, é um extrovertido em seu inconsciente. É um dos exemplos do papel compensatório que o inconsciente desempenha na psique.

É preciso notar que uma atitude, quando inconsciente, tem características diferentes das que apresenta quando consciente. Um extrovertido ou introvertido consciente expressa sua extroversão ou introversão diretamente através do comportamento consciente. Esse comportamento pode ser facilmente observado pelos outros como sendo extrovertido ou introvertido. Nós todos reconhecemos uma pessoa retraída, abstrata e desligada do mundo exterior. Essa pessoa parece perdida nos próprios pensamentos. A atitude compensatória inconsciente não se pode expressar abertamente porque é reprimida. Ela exerce, entretanto, indiretamente, uma influência sobre o comportamento, como quando uma pessoa age de uma maneira que, nela, parece incoerente ou estranha. Nós nos espantamos, por exemplo, quando uma pessoa extrovertida se torna de repente taciturna, antagônica ou anti-social. "Que bicho o mordeu?" perguntamos. A resposta é: "Foi o inconsciente.". Essa pessoa está sendo temporariamente dominada por sua introversão reprimida.

Os processos inconscientes não são tão desenvolvidos e diferenciados como os conscientes, de modo que o efeito da atitude reprimida tende a tornar o comportamento mais primitivo e grosseiro. Um exemplo extremo do que acabamos de dizer é o caso do introvertido que de repente e sem nenhum motivo fica como que freneticamente furioso. Além disso, de acordo com a teoria compensatória dos sonhos de Jung, o extrovertido é um introvertido em sua vida onírica e o introvertido se torna extrovertido quando adormece.

II. AS FUNÇÕES

Tão importantes quanto as atitudes na tipologia de Jung são as *funções* psicológicas, em número de quatro: pensamento, sentimento, sensação e intuição. O *pensamento* consiste em associar idéias umas às outras para chegar a um conceito geral ou à solução de um problema. Trata-se de uma função intelectual que procura compreender as coisas.

O *sentimento* é uma função avaliadora; ele aceita ou rejeita uma idéia tomando como base o sentimento agradável ou desagradável que tal idéia suscita. Diz-se que pensar e sentir são funções *racionais* porque ambas exigem um ato de julgamento. Ao pensar, o indivíduo efetua julgamentos quanto a haver ou não uma verdadeira conexão entre duas ou mais idéias. Ao sentir, o indivíduo efetua julgamentos para decidir se uma idéia é agradável ou desagradável, bela ou feia, excitante ou enfadonha.

A *sensação* é uma percepção sensorial que inclui todas as experiências conscientes produzidas pela estimulação dos órgãos dos sentidos: visões, ruídos, cheiros, paladares e contatos, tanto quanto as sensações que têm origem no interior do corpo. A *intuição,* tal como a sensação, é uma experiência dada imediatamente e não produzida como resultado do pensamento ou do sentimento. Ela não exige nenhum julgamento. A intuição difere da sensação porque a pessoa que tem uma intuição não sabe de onde ela vem, nem como se origina. Ela surge "do nada". A sensação sempre pode ser explicada pela indicação da fonte da estimulação. "Estou com dor de dente." "Estou vendo uma baleia." Mas quando uma pessoa tem uma intuição ou pressentimento de que uma coisa qualquer vai acontecer e lhe perguntam como o pode saber, só lhe é possível responder: "Estou sentindo isso nos ossos" ou então "Eu *sei,* e pronto!" A intuição é por vezes denominada sexto sentido ou percepção extra-sensorial.

A sensação e a intuição são tidas como funções *irracionais* porque não apelam para a razão. São estados mentais que evoluem a partir do fluxo dos estímulos em ação sobre o indivíduo. Esse fluxo carece de direção ou intencionalidade; não tem nenhuma meta, ao contrário do pensamento e do sentimento. As sensações da pessoa são contingentes dos estímulos presentes. O que a pessoa sente nos próprios ossos depende de estímulos desconhecidos. Jung não tem na conta de irracional o que é contrário à razão. A sensação e a intuição simplesmente não têm nada a ver com a razão. Elas são não-racionais e não-conceituosas.

Jung definiu as quatro funções muito sucintamente, da seguinte maneira: "Esses quatro tipos funcionais correspondem aos recursos óbvios através dos quais a consciência obtém sua orientação para a experiência. A *sensação* (isto é, a percepção sensorial) nos diz que uma coisa existe; o *pensamento* nos diz o que é essa coisa; o *senti-*

mento nos informa se essa coisa é agradável ou não; e a *intuição* nos diz de onde ela vem e para onde vai." (*O Homem e seus símbolos,* 1964, p. 61.)

Como as características das funções diferem segundo estejam combinadas com a extroversão ou com a introversão, faz-se necessário discutir separadamente as oito combinações possíveis.

III. COMBINAÇÕES DE ATITUDES E FUNÇÕES

O *pensamento extrovertido* utiliza a informação fornecida ao cérebro pelos órgãos dos sentidos. O objeto que ativa o processo do pensamento é uma coisa que existe no mundo exterior. Procura-se explicar como uma semente germina e cresce até se transformar numa planta, ou porque a água se transforma em vapor quando aquecida até uma certa temperatura, ou ainda de que maneira se aprende a linguagem. Jung observa que muita gente considera que é esse o único tipo de pensamento possível. Mas não é verdade, diz ele. Existe também o *pensamento introvertido,* que consiste em refletir subjetivamente. Em lugar de formular pensamentos extraídos exclusivamente do mundo exterior, a pessoa também reflete a respeito do mundo interior e mental. Pode-se dizer que o pensador introvertido se compraz em lidar com as idéias por elas mesmas. Ele pode investigar o mundo exterior em busca da confirmação para as suas idéias. Em Ciência, é o que se denomina pensamento dedutivo por oposição ao pensamento indutivo no qual as idéias ou conceitos, ou hipóteses decorrem da informação factual e nela se baseiam. Ou a pessoa pode continuar a ruminar as idéias, sem levar em conta se têm alguma importância para o mundo exterior.

O pensador extrovertido é mais pragmático ou prático. É um solucionador de problemas.

O *sentimento extrovertido* é governado por critérios externos ou objetivos. Uma pessoa sente, por exemplo, que uma coisa é bela ou feia, porque ela se conforma ou não com os padrões estéticos tradicionais e estabelecidos. Por este motivo, o sentimento extrovertido tende a ser convencional e conservador. Tal como o pensamento introvertido, o *sentimento introvertido* é suscitado por condições internas ou subjetivas, particularmente pelas imagens primordiais oriundas dos arquétipos. Como essas imagens tanto podem ser pensamentos como sentimentos, a predominância dos primeiros tem como resultado pensamentos introvertidos, enquanto a predominância dos últimos tem como resultado sentimentos introvertidos. Os sentimentos introvertidos tendem a ser originais, incomuns, criativos, e por vezes bizarros porque eles se afastam das convenções.

Na *sensação extrovertida,* as sensações são determinadas pela natureza da realidade objetiva com que se defronta a pessoa; na *sensação introvertida,* as sensações são determinadas pela realidade subjetiva num determinado momento. No primeiro caso, as percepções representam diretamente os objetos; são fatos do mundo exterior. No segundo caso, as percepções são fortemente influenciadas pelos estados psíquicos; elas parecem emergir de um ponto qualquer no interior da psique.

A *intuição extrovertida* busca descobrir as possibilidades de toda situação objetiva, e está continuamente à procura de novas possibilidades nos objetos externos. A intuição *introvertida* investiga as possibilidades dos fenômenos mentais particularmente as das imagens oriundas dos arquétipos. A intuição extrovertida passa de um objeto para outro; a intuição introvertida vai de imagem para imagem.

Vejamos agora de que maneira essas combinações das atitudes e das funções se expressam conscientemente nos padrões comportamentais dos indivíduos. A expressão individual constitui a tipologia de Jung que consiste de oito tipos de pessoas. Descreveremos alguns casos extremos dos diversos tipos, como faz Jung, ficando porém bem compreendido que existem inúmeras gradações em cada tipo.

IV. TIPOS DE INDIVÍDUOS

A) TIPO DO PENSADOR EXTROVERTIDO. Esse tipo de homem faz do pensamento objetivo a paixão dominante de sua existência. É personificado pelo cientista que dedica toda a sua energia a aprender tudo que pode a respeito do mundo exterior. Suas metas são compreender os fenômenos naturais, descobrir as leis da natureza e as formulações teóricas. O tipo mais desenvolvido do pensador extrovertido é um Darwin ou um Einstein. O pensador extrovertido tende a reprimir o aspecto do sentimento de sua natureza e por isso pode dar aos outros a impressão de ser impessoal ou mesmo frio e altaneiro.

Quando a repressão é rígida demais, o sentimento é forçado a encontrar maneiras tortuosas e por vezes anormais de demonstrar o seu caráter. A pessoa pode se tornar autocrática, fanática, presunçosa, supersticiosa e impermeável à crítica. Sendo carente de sentimento, seu pensamento tende a se esterilizar e empobrecer. O caso extremo é o do "cientista louco" ou o Dr. Jekyll que se transforma periodicamente num monstro psicopata.

B) TIPO DO PENSADOR INTROVERTIDO. É o tipo cujo pensamento se dirige para dentro. Como exemplo temos o filósofo ou psicólogo existencial que busca compreender a realidade de seu próprio ser. Nos casos extremos, o resultado de suas explorações pode ter pouca relação com a realidade. Pode eventualmente romper os laços com a realidade è tornar-se esquizofrênico. Compartilha muitos dos traços de caráter de seu correlato extrovertido e pelo mesmo motivo, isto é, pela necessidade de se proteger contra os sentimentos que ficaram reprimidos em seu inconsciente. Dá a impressão de ser um indivíduo distante e sem emoções porque não dá valor às pessoas. Quer que o deixem sozinho para poder levar adiante as suas reflexões. Não cogita particularmente de fazer com que as idéias sejam aceitas por outros, embora possa encontrar seguidores dedicados pertencentes ao mesmo tipo que ele. É propenso a se mostrar obstinado, teimoso, desrespeitoso, arrogante, irritadiço, inabordável e convencido. Com a intensificação desse tipo, o pensamento se torna mais sujeito a sofrer as influências anormais e quixotescas da reprimida função do sentimento.

C) TIPO DE SENTIMENTO EXTROVERTIDO. Esse tipo, observado por Jung, é mais freqüentemente encontrado entre as mulheres e subordina o pensamento ao sentimento. As pessoas desse tipo são capazes de se mostrar caprichosas porque seus sentimentos variam com a mesma freqüência com que variam as situações. A mais insignificante mudança na situação pode provocar uma alteração em seus sentimentos. São pessoas efusivas, emocionais, exibicionistas e instáveis. Criam laços muito fortes com outras pessoas, mas esses laços são transitórios, e seu amor facilmente se transforma em ódio. Seus sentimentos são bastante convencionais e elas se dispõem com muita presteza a adotar as últimas modas e excentricidades. Quando a função do pensar é fortemente reprimida, os processos do pensamento do tipo de sentimento extrovertido são primitivos e pouco desenvolvidos.

D) TIPO DE SENTIMENTO INTROVERTIDO. Este tipo também é mais habitualmente encontrado entre as mulheres. Ao contrário de suas irmãs extrovertidas que alardeiam suas emoções, as pessoas de sentimento introvertido escondem do mundo os seus sentimentos. Tendem a ser silenciosas, inacessíveis, indiferentes e inescrutáveis. Apresentam com freqüência um aspecto melancólico ou deprimido. Mas também podem dar a impressão de possuir uma harmonia interior, tranqüilidade e auto-suficiência. Parecem muitas vezes aos demais dotadas de um misterioso poder ou carisma. São pessoas a respeito das quais se costuma dizer: "As águas paradas são profundas". Elas têm realmente sentimentos muito profundos e intensos que irrompem de quando em quando em tempestades emocionais que deixam atônitos os parentes e amigos.

E) TIPO DE SENSAÇÃO EXTROVERTIDA. As pessoas deste tipo, sobretudo os homens, cuidam de acumular fatos sobre o mundo exterior. São realistas, práticas e obstinadas mas não têm nenhum interesse particular pelo significado das coisas. Aceitam o mundo tal como é, sem lhe conceder muitos pensamentos e previsões. Mas também podem ser sensuais, amantes do prazer e sequiosas de excitação. Seus sentimentos são superficiais. Elas vivem simplesmente em função das sensações que podem extrair da vida. Nos casos extremos, encontramos os sensuais grosseiros ou os estetas pretensiosos. Devido à sua orientação sensual, essas pessoas estão sujeitas a vícios de todas as espécies, a perversões e compulsões.

F) TIPO DE SENSAÇÃO INTROVERTIDA. Como todos os introvertidos, o tipo de sensação introvertida se mantém distante dos objetos exteriores, mergulhando em suas próprias sensações psíquicas. Considera o mundo banal e desinteressante frente às próprias sensações interiores. É-lhe difícil expressar-se a não ser através da arte, mas o que ele produz tende a ser destituído de significado. Aos olhos dos outros, pode parecer calmo, passivo e controlado quando na verdade é uma pessoa pouco interessante por ser deficiente de pensamento e sentimento.

G) TIPO INTUITIVO EXTROVERTIDO. As pessoas deste tipo, geralmente mulheres, se caracterizam pela volubilidade, e pela instabilidade; elas pulam de uma situação para outra a fim de descobrir novas possibilidades no mundo exterior. Estão sempre em busca de novos mundos que possam conquistar antes mesmo de terem conquistado os antigos. Sendo nelas deficiente a função do pensamento, não lhes é possível levar avante diligentemente as suas intuições durante muito tempo, devendo pelo contrário pular para novas intuições. Essas pessoas podem prestar serviços excepcionais como promotoras de novos empreendimentos e de novas causas mas são incapazes de manter seu interesse por elas. As atividades rotineiras as enfadam; a novidade é o sustentáculo de suas existências. Elas tendem a consumir a vida em intuições sucessivas. Não se pode confiar em sua amizade, muito embora entrem em cada relacionamento novo com um grande entusiasmo pelas possibilidades que ele pode conter. Conseqüentemente, elas magoam involuntariamente as outras pessoas por sua falta de interesse contínuo. Entregam-se a inúmeros passatempos que bem depressa as aborrecem e só com dificuldade conservam um emprego.

H) TIPO INTUITIVO INTROVERTIDO. O artista é um dos representantes deste tipo que inclui também os sonhadores, profetas, visionários e excêntricos. Para os amigos, o intuitivo introvertido é muitas vezes um enigma; para ele mesmo, é um gênio incompreendido. Não estando em contato com a realidade externa nem com as convenções, é incapaz de comunicar efetivamente com os outros, notadamente com os que pertencem ao mesmo tipo. Vive isolado num universo de imagens primordiais cujo significado lhe escapa. Como o seu correlato extrovertido, ele pula de uma imagem para outra em busca de novas possibilidades, mas nunca chega a desenvolver realmente nenhuma de suas intuições. Sendo incapaz de manter o interesse por uma imagem, ele não pode, tal como o pensador introvertido, trazer nenhuma contribuição profunda para uma compreensão dos processos psíquicos. É capaz, entretanto, de ter brilhantes intuições que serão depois elaboradas e desenvolvidas por outros.

Fica assim concluída a nossa apresentação das oito classes de tipos de caráter. Lembramos novamente ao leitor que os exemplos escolhidos para cada tipo representam casos extremos. Caso extremo significa para nós aquele em que a atitude consciente é altamente *desenvolvida* enquanto o seu correlato reprimido no inconsciente permanece virtualmente *não-desenvolvido*. Desta maneira, a atitude consciente se torna extremada pois o correlato inconsciente não oferece nenhuma resistência ou efeito contrabalançador, como aconteceria nos casos mais normais. Essas descrições de caráter dão mais a idéia de caricaturas do que a de verdadeiros personagens.

É muito mais típico que uma pessoa seja ao mesmo tempo extrovertida e introvertida e utilize todas as funções, em proporções variáveis. Em geral, entretanto, a pessoa será mais extrovertida que introvertida ou vice-versa. Raramente as duas atitudes se equilibram de modo perfeito. A pessoa também tende a usar uma função mais que as outras três. Jung dá a esta função o nome de *função principal*. Existe além dela uma *função auxiliar*. A função auxiliar presta serviços à função principal; não é por si mesma independente. Por conseguinte, ela não pode contrapor-se à função principal. Como tanto o pensamento quanto o sentimento são funções racionais, ambos tendem a se opor um ao outro. Nenhum deles pode ser um auxiliar do outro. O mesmo se pode dizer das funções irracionais de sensação e de intuição. Tanto a sensação como a intuição podem constituir uma função auxiliar para o pensamento ou para o sentimento e vice-versa. Suponhamos, por exemplo, que a função principal de uma pessoa seja o pensamento. Essa pessoa pode usar a informação obtida através da sensação como ajuda acessória do pensamento. A intuição pode servir igualmente bem como função auxiliar do pensamento fornecendo indicações e discernimentos sobre os quais se pode então refletir. Na verdade, algumas das pessoas mais brilhantes se valem da combinação do pensamento e da intuição. O mesmo acontece a respeito da associação do sentimento com a intuição. A primeira combinação (pensamento e intuição) pode dar um grande cientista ou filósofo, a segunda um grande artista. Idealmente, seria sempre vantajoso se a pessoa pudesse ter todas as atitudes e funções igualmente desenvolvidas e prontas para ser usadas, mas não é assim que as coisas se passam. Haverá sempre desigualdades entre os componentes da psique, muito embora, como um todo, esta se esforce para chegar à harmonia e ao equilíbrio.

Cada indivíduo possui seu próprio e exclusivo padrão de atitudes e de funções, embora em caso algum falte qualquer das atitudes ou funções. Se não existem na consciência, elas com toda a certeza serão encontradas no inconsciente, de onde continuam a influenciar o comportamento. Jung sempre sustentou que o que é inconsciente não pode ser individuado; permanece assim num estado não-desenvolvido ou primitivo. Quando rompe as barreiras da repressão, tende a perturbar e desordenar o comportamento da pessoa, chegando mesmo a provocar uma conduta anormal ou perversa. Neste sentido, as funções inconscientes subdesenvolvidas representam uma ameaça potencial para a consciência.

A determinação do caráter de um indivíduo exige, por conseguinte, uma avaliação do grau em que cada uma das atitudes e funções existe quer em estado consciente diferenciado, quer em estado inconsciente indiferenciado. Só se pode obter uma determinação correta por meio de uma observação prolongada e de penetrantes análises de uma pessoa. Em geral, essa informação só pode ser obtida através de uma psicanálise a longo prazo. Numa tentativa de abreviar os processos de tal determinação, foram inventados testes que se propõem a medir a intensidade da expressão consciente das atitudes e funções. Consistem tais testes em apresentar à pessoa uma lista de perguntas ou opções referentes a suas preferências, a seus interesses e a suas maneiras habituais de se comportar. Por exemplo: se a pessoa disser que prefere ficar em casa lendo um livro a ir a uma festa, essa preferência indica uma introversão. Se ela disser que lhe agrada experimentar coisas diversas, essa resposta indicará uma preferência pela sensação.

V. CONSIDERAÇÕES PRÁTICAS

O que determina o padrão de atitudes e funções de uma pessoa? Acredita Jung que o padrão depende de fatores inatos que se manifestam muito cedo na vida da criança. Esse padrão inato fica sujeito a ser modificado pelas influências dos pais e de outros fatores sociais. Como no seio de uma mesma família os filhos podem pertencer a diferentes tipos e diferir também dos tipos de seus pais, podem ser muito grandes as pressões exercidas pela família sobre uma criança para mudar a orientação. Uma mãe do tipo de sentimento introvertido, por exemplo, pode pretender converter em seu próprio tipo uma filha intuitiva extrovertida. Ou um pai pensador extrovertido pode desejar que o filho, de sensações introvertidas, se faça igual a ele. Coerente com a sua posição de que tudo que altere drasticamente a natureza inata de um indivíduo é nocivo, Jung acredita que as influências familiares, quando realmente eficazes, condenam muitas vezes uma criança a se tornar neurótica, mais tarde. O papel dos pais, considera Jung, é respeitar o direito de o filho se desenvolver no sentido da própria natureza interna, e proporcionar-lhe todas as oportunidades para consegui-lo. Grande parte do conflito que se estabelece entre pais e filhos pode ser atribuído à incompatibilidade dos tipos de caráter.

Jung também faz notar que um tipo de caráter pode ser mais favorecido que outros num determinado período histórico. Tendo produzido suas obras durante a primeira metade do século XX, que lhe parecia valorizar os tipos extrovertidos, particularmente os do pensamento e da sensação, e depreciar os introvertidos, Jung achava que os introvertidos tinham de arcar com a pesada carga do menosprezo social. Deveriam os introvertidos se esforçar por reencaminhar a libido para o exterior, a fim de se conformar com o estereótipo socialmente consagrado do extrovertido "saudável"? Se o fizessem, estariam desempenhando um papel falso, o que traria como único resultado mais frustração e conflito para eles próprios. Por outro lado, mantendo sua introversão perante a crítica social, eles se veriam em perene conflito com a sociedade. Ser fiel à própria natureza é, entretanto, o melhor preceito para a saúde mental.

Igualmente importante para a saúde mental do indivíduo é o tipo de pessoa por quem ele ou ela se apaixona e com quem se casa. Não se pode dar como regra geral que os tipos contrários serão mais ou menos compatíveis que os tipos semelhantes. Depende muito do fato de ser ou não complementar essa união. Um pensador do tipo extrovertido que se case com uma mulher de sentimentos introvertidos pode obter satisfações por portas travessas, pelo fato de conviver com alguém que expressa o lado reprimido ou negligenciado da própria personalidade. Juntas, essas duas pessoas podem constituir um bom par. Mas quando o parceiro pensador extrovertido rejeita a introversão e o sentimento, a expressão de tais características no comportamento da esposa representará uma irritação constante. Imaginemos, por exemplo, as possíveis conseqüências de um casamento entre um homem do tipo de pensador introvertido e uma moça do tipo extrovertido que vive em busca de sensação e excitação; ou as da união de uma pessoa frívolamente intuitiva e extrovertida com um sóbrio pensador introvertido. Com toda a certeza, estas pessoas se irritariam mutuamente, a menos que cada uma delas servisse para compensar as fraquezas da outra. E se uma pessoa imagina que poderá modificar o caráter do parceiro depois do casamento, Jung a adverte de que isso seria impossível.

Também não existe nenhuma garantia de que os mesmos tipos venham a ser compatíveis. Conscientemente, têm as mesmas atitudes, os mesmos interesses e valores, o que deveria favorecer um relacionamento harmonioso. Mas há também o perigo de que um reforce a atitude e a função dominantes do outro de tal forma que aumente a repressão às atitudes e funções recíprocas. Quando isto acontece, a atitude e as funções reprimidas se tornam mais fortes e mais susceptíveis de irromper num comportamento abrupto e destruidor. As pessoas também podem se irritar mutuamente quando as suas personalidades apresentam excessivas similaridades.

A harmonia deve ser estabelecida, na opinião de Jung, no interior da pessoa e não em decorrência da tentativa de estabelecer uma união complementar com outra pessoa. Embora seja impossível alcançar uma harmonia psíquica completa no sentido de uma distribuição eqüitativa da energia entre as duas atitudes e as quatro funções, as desigualdades podem ser reduzidas a um mínimo pela individuação tão completa quanto possível de todas as atitudes e funções e por uma repressão não exagerada de cada uma delas. A unilateralidade, tema muito apreciado por Jung, não pode deixar de acarretar conseqüências prejudiciais e por vezes até desastrosas. As amizades e os casamentos mais bem sucedidos são os que se travam entre pessoas plenamente individuadas nas quais estão desenvolvidas todas as atitudes das duas personalidades.

Cada um dos tipos tende a desenvolver um determinado tipo de neurose ou psicose. O tipo de sentimento extrovertido é predisposto à histeria, enquanto o de sentimento introvertido tende para a neurastenia cujos sintomas são a fadiga, a exaustão e a pouca energia. Os tipos em que predomina a sensação estão predispostos às fobias, compulsões e obsessões. Essas patologias decorrem da repressão muito severa, resultando geralmente de pressões ambientais exageradas.

É importante que a pessoa considere seu tipo de caráter quando vai optar por uma profissão. Um tipo introvertido jamais deveria fazer-se vendedor de automóveis, assim como o extrovertido não deveria tentar ser guarda-livros. Um tipo caracterizado pela predominância da sensação poderá ser um excelente policial ou bombeiro mas um professor ou pastor medíocres. Um tipo intuitivo poderá sair-se muito bem como consertador de coisas ou "quebra-galho" mas não dará um bom operário encarregado de um trabalho rotineiro e repetitivo numa fábrica. Os tipos nos quais predomina o sentimento deveriam evitar os empregos que exigem uma reflexão abstrata demorada, enquanto os pensadores deveriam fugir das ocupações que valorizam o envolvimento emocional. Infelizmente, devido às pressões sociais, ao egocentrismo e às demais influências, um indivíduo pode escolher uma profissão contrária ao seu tipo de caráter. Conseqüentemente, ele se há de tornar vítima da infelicidade, da insatisfação e de perturbações emocionais. Se insistir nessa profissão às expensas de sua estabilidade mental, tal pessoa com toda a certeza será acometida por alguma doença psicológica que poderá vir a ser fatal. O célebre preceito de Sócrates, "Conhece-te a ti mesmo" contém uma importante mensagem para toda a humanidade.

Concluindo, observe-se que a tipologia de Jung tem sido severamente criticada por psicólogos que insistem em afirmar que as pessoas não se encaixam perfeitamente nem em oito, nem em oitenta categorias. Cada indivíduo, afirmam eles, é único e não um membro de uma classe específica qualquer. Tais críticas revelam uma compreensão errônea da posição de Jung. Ele não contestava essa qualidade de "único" da psique do indivíduo, coisa que lhe parecia por si mesma evidente. O que a sua tipologia faz é propor um sistema que caracterize as maneiras significativas em que as pessoas diferem umas das outras. As atitudes e funções estão presentes em todas as personalidades, porém em diferentes proporções e em diferentes níveis de consciência e de inconsciência. Algumas são mais individuadas que outras. É um sistema que serve, acima de tudo, para descrever as diferenças individuais e não um sistema para reduzir todas as pessoas a um dos oito tipos fixados.

VI. RESUMO

A tipologia de Jung consiste em duas atitudes, a extroversão e a introversão, e de quatro funções: pensamento, sentimento, sensação e intuição, compondo ao todo oito tipos de caráter. As variações de grau em que cada uma dessas atitudes e funções é conscientemente desenvolvida ou permanece inconsciente e não desenvolvida pode produzir uma gama muito ampla de diferenças entre os indivíduos.

REFERÊNCIAS

JUNG, C. G., *Collected Works*. Princeton, N. J.: Princeton University Press.
Vol. 5. *Symbols of Transformation*.
Vol. 6. *Psychological Types*.
Vol. 10. *Civilization in Transition*.
JUNG, C. G. *Man and His Symbols*. Garden City, N. Y.: Doubleday, 1964.

Capítulo seis

SÍMBOLOS E SONHOS

Jung contribuiu de modo primoroso para o estudo dos processos de simbolização: dedicou ao assunto um volume de pesquisas e de escritos muito maior do que o de qualquer outro psicólogo. Dos seus dezoito volumes, cinco foram exclusivamente dedicados ao simbolismo da religião e da alquimia, e o assunto é discutido sempre e de modo prático em todos os seus escritos. Não seria exagero afirmar que os dois mais importantes conceitos de Jung são o de arquétipo e o de símbolo. Os dois conceitos estão intimamente ligados. Os símbolos são as manifestações exteriores dos arquétipos. Os arquétipos só podem-se expressar através dos símbolos em razão de se encontrarem profundamente escondidos no inconsciente coletivo sem que o indivíduo os conheça ou possa vir a conhecer. Não obstante, os arquétipos exercem uma ação constante, que lhes influencia e dirige o comportamento consciente. Somente através da análise e da interpretação dos sonhos, símbolos, fantasias, visões, mitos e da arte é que se pode chegar a conhecer alguma coisa do inconsciente coletivo.

Foi exatamente o que fez Jung num dos primeiros livros, o *Símbolos de Transformação*. Este livro, escrito em 1911, assinalou o desvio de Jung dos ensinamentos de Freud e redundou, no decorrer de uns poucos anos, na completa separação entre os dois homens. Mais importante ainda, preparou o terreno para as subseqüentes descobertas de Jung no campo da psique.

I. DESENVOLVIMENTO

Símbolos de Transformação constitui uma análise percuciente de uma série de fantasias produzidas por uma jovem americana. Jung deu o nome de *desenvolvimento* ao método de análise que utilizou nesta investigação e em outras que se lhe sucederam. O método exige que o analista colete as informações que puder obter a respeito de um elemento verbal qualquer ou imagem. As informações podem ser colhidas em diversas fontes: a experiência e os conhecimentos do analista, a informação e as associações fornecidas pela pessoa que produziu a imagem, as referências históricas, as descobertas antropológicas e arqueológicas, a literatura, a arte, a mitologia, a religião, etc.

Por exemplo: a moça escreveu um poema intitulado "A mariposa e o sol". O poema gira em torno de uma mariposa que morreria feliz se lhe fosse dado captar" apenas "um olhar extasiado" do sol. Jung dedica um capítulo de 38 páginas ao desenvolvimento da imagem da mariposa em busca do sol. No decorrer do desenvolvimento, refere-se ao *Fausto* de Goethe, ao *Asno de Ouro* de Apuleius, a textos cristãos, egípcios e persas, a Martin Buber, Thomas Carlyle, Platão, à poesia moderna, a Nietzsche, às alucinações de um paciente esquizofrênico, a Lord Byron, ao *Cyrano de Bergerac,* além de um sem-número de outras referências. Verificar-se-á que o método do desenvolvimento exige conhecimentos consideráveis e muita erudição por parte do analista. Durante uma conversa com um dos autores deste livro, Jung atribuiu o vasto conhecimento que tinha de muitos assuntos à diversidade dos pacientes de que tratava. Muitos deles eram pessoas altamente educadas, e Jung via-se obrigado a informar-se a respeito dos respectivos campos de especialização a fim de poder amplificar seus sonhos e simbolismos. Por exemplo: um físico teórico que se estivesse submetendo a uma análise junguiana expressaria os complexos e arquétipos usando a terminologia e os conceitos da Física moderna.

A meta do desenvolvimento é compreender o significado simbólico e as raízes arquetípicas de um sonho, fantasia, alucinação, pintura, ou qualquer outra produção humana. Assim, por exemplo, Jung escreve com relação à canção da mariposa:

"Por baixo do símbolo da 'mariposa e do sol', escavamos profundamente as camadas históricas da psique; durante as nossas escavações, encontramos um ídolo sepultado, o herói-sol, 'jovem, belo, de anelados cabelos dourados e flamejante coroa', o qual, eternamente inatingível para o homem mortal, gira ao redor da Terra, fazendo a noite seguir-se ao dia, o inverno ao verão, e a morte à vida, e que novamente se ergue com rejuvenescido esplendor a fim de trazer a luz às novas gerações. Por ele anseia a sonhadora com toda a sua alma; por ele queima as asas a 'mariposa da alma' " (vol. 5, p. 109). No herói-sol, vemos a representação de um arquétipo, o produto de um sem-número de gerações de homens que sentiram o grande poder e a radiação do sol.

Jung deu muita atenção à alquimia. É crença geral que os alquimistas da Idade Média tentavam transformar certos metais básicos em ouro. Na verdade, a alquimia foi uma filosofia muito complexa que se expressava através da experimentação química. Foi levada muito a sério por filósofos e cientistas medievais, tendo o assunto suscitado uma vasta literatura. Dela nasceu a moderna ciência Química.

Jung foi atraído para este assunto porque sentia que o simbolismo da filosofia e da experimentação alquimistas revelavam muitos, se não todos os arquétipos herdados pelo homem. Com um zelo característico do erudito, dominou a vasta literatura da Alquimia e escreveu dois volumes sobre o seu significado para a Psicologia.

Psicologia e Alquimia é um livro particularmente interessante para o psicólogo porque nele Jung demonstra o modo como o simbolismo da alquimia medieval reaparece nos sonhos e nas visões de uma pessoa submetida à Psicanálise no século XX, e que nada sabe de alquimia. Num sonho, algumas pessoas estão caminhando para a esquerda em torno de um quadrado. O sonhador fica parado a um lado. As pessoas dizem que é preciso restaurar um gibão (espécie de macaco). O quadrado simboliza o trabalho dos alquimistas, o qual consiste em romper a massa original e caótica da matéria-prima em quatro elementos como preparação para os recombinar numa unidade mais perfeita. Caminhar em torno de um quadrado representa esta unidade. O gibão representa uma substância que transforma o metal básico em ouro.

Segundo Jung, o sonho significa que o paciente (que se mantém parado num dos lados da atividade unificadora) permitiu ao ego consciente desempenhar um papel por demais preponderante em sua personalidade, tendo se esquecido de individuar e expressar o lado da sombra de sua natureza. O paciente só poderá alcançar uma harmonia interior integrando *todos* os elementos de sua personalidade, assim como o alquimista só poderia atingir a meta graças à mistura adequada dos elementos básicos.

Noutro sonho, um copo cheio de uma substância semelhante a uma geléia está colocado sobre uma mesa, ante o sonhador. O copo representa o aparelhamento usado pelo alquimista para a destilação e seu conteúdo é a substância informe que o alquimista tenta transformar em pedra filosofal. A pedra tem o poder de transmutar os metais básicos em ouro. Os símbolos alquimistas neste sonho indicam que o sonhador está tentando ou deveria estar tentando transformar-se numa pessoa mais transcendente (integrada).

Quando uma pessoa sonha com água, diz-se que isso representa o poder regenerador da *acquavitae*, ou água da vida, do alquimista; quando sonha que encontrou uma flor azul, a flor representa o lugar de nascimento da pedra filosofal; e quando sonha que está atirando moedas de ouro no chão, está expressando o seu desprezo pelo ideal do alquimista que é o de alcançar uma substância perfeitamente unificada. Quando o paciente desenha uma roda, Jung vê nisso uma conexão entre esta roda e a do alquimista, a qual representa o processo de circulação na destilaria que há de produzir, segundo se supõe, a transformação dos materiais. Seguindo o mesmo filão, Jung interpreta um ovo que aparece num sonho do paciente como sendo a matéria-prima com a qual o alquimista inicia os trabalhos, e o diamante sonhado é a pedra cobiçada.

Em todos os sonhos, há fortes paralelos entre os símbolos empregados pelo sonhador na representação de seus problemas e metas e os dos alquimistas medievais no retratar os seus afãs. A característica mais marcante de tais sonhos é a representação bastante exata que neles se encontra dos objetos e materiais usados pelos alquimistas. Graças ao seu conhecimento de literatura da Alquimia, Jung pôde apontar as duplicações exatas dos objetos oníricos nas ilustrações encontradas em velhos textos alquímicos. Este estudo levou-o a concluir que os esforços dos alquimistas medievais, tais como foram projetados em suas experiências químicas, e os dos pacientes são exatamente os mesmos. O sonhador estava buscando individuar-se em seus sonhos a fim de chegar à unidade, tal como os alquimistas tentavam individuar (transformar) a matéria para obter uma substância perfeita. Jung acredita que a correspondência das imagens oníricas com os instrumentos e práticas da Alquimia comprova a existência de arquétipos universais.

Além disso, Jung, que procedeu a investigações antropológicas na África e noutras partes do mundo, descobriu os mesmos arquétipos expressos nos mitos das raças primitivas. Estes arquétipos encontram-se também expressos na Religião e na Arte, tanto moderna como primitiva. E concluiu: "As formas que a experiência (arquetípica) assume em cada indivíduo são infinitamente variadas, mas assim como os símbolos alquímicos, são elas variantes de certos tipos centrais, e estes ocorrem universalmente." (vol. 12, p. 463)

Num dos seus ensaios mais fascinantes, Jung analisa o simbolismo de um "mito moderno": o dos discos voadores. Jung não tenta provar se existem ou não discos voadores. Prefere formular a pergunta muito psicológica: "Por que tantas pessoas acreditam ter visto discos voadores?" Respondendo a esta pergunta — a única, reconhece ele, que um psicólogo está qualificado a discutir — demonstra, valendo-se de sonhos, mitos, arte e referências históricas, que o disco voador é um símbolo da totalidade. É um disco luminoso, uma mandala. Ele chega à Terra, vindo de outro planeta (o inconsciente) e contém estranhas criaturas (os arquétipos).

Esta análise (desenvolvimento) tipicamente junguiana é exclusivamente psicológica; não depende da realidade ou da irrealidade dos discos voadores. Ao que se poderia acrescentar, caso fossem reais, que os seus inventores são dominados pelo mesmo arquétipo de unidade que leva os terrestres a vê-los. A realidade da psique é a única realidade que interessa ao psicólogo; a realidade do mundo exterior é da alçada do cientista físico.

A preocupação com os discos voadores (OVNI ou objetos voadores não-identificados), cujo apogeu foi atingido na década de 1950, foi uma conseqüência da confusão e do conflito reinantes no mundo, segundo Jung. As pessoas queriam se libertar da carga da guerra fria e da desunião internacional e alcançar a harmonia e a unidade. Em épocas de crise, como salienta Jung, probabilidades existem de que venham a ser inventados novos símbolos ou revivescidos os antigos. Em nossos tempos incertos e desumanizadores, muita gente volta-se para a Astrologia a fim de encontrar a própria individualidade. Há quem busque na religião e na filosofia orientais, ou no cristianismo primitivo, representações simbólicas do eu.

II. SÍMBOLOS

Adotemos agora uma posição mais sistemática no analisar a teoria junguiana do simbolismo. Para Jung, um símbolo, seja ele usado nos sonhos noturnos ou na existência desperta, atende a dois propósitos principais. Por um lado, representa uma tentativa de satisfazer um impulso instintivo frustrado. Este aspecto de um símbolo corresponde à noção freudiana do símbolo como disfarce de um desejo que busca a realização. Os desejos sexuais e os agressivos, tão freqüentemente inibidos durante a existência desperta, são os responsáveis por muitos dos símbolos oníricos.

Para Jung, um símbolo é mais do que um disfarce. Os símbolos são também transformações dos impulsos instintivos primitivos. Tentam eles canalizar a libido instintiva para os valores culturais ou espirituais. Admite-se, correntemente, a idéia de que a literatura e as artes, assim como a religião, são transmutações dos instintos biológicos. Por exemplo: a energia sexual é desviada para a dança como forma de arte, e a energia agressiva é desviada para os jogos competitivos.

Jung reitera, entretanto, que um símbolo ou comportamento simbólico não é apenas uma maneira de deslocar a energia instintiva de seus objetos originais para outros que os substituam. Vale dizer: a dança não é um simples substituto da energia sexual; é muito mais do que isso.

As características essenciais da teoria junguiana do simbolismo ficam manifestas nesta declaração: "O símbolo não é um signo que oculta uma coisa conhecida de todos. Não é este o seu significado. Pelo contrário, representa uma tentativa de elucidar, através da analogia, algo que ainda pertence inteiramente ao domínio do desconhecido, ou de uma coisa que ainda virá a ser". (vol. 7, p. 287) É preciso lembrar que já discutimos esta característica do estabelecimento de analogias da simbolização no capítulo três, com respeito à canalização da energia.

O que é que ainda permanece "de todo desconhecido e em processo de formação exclusiva"? É um arquétipo sepultado no inconsciente coletivo. Um símbolo é, acima de tudo, uma tentativa de representar um arquétipo, mas o resultado é sempre imperfeito. Jung argumentou que a história do homem é um registro de sua busca de melhores símbolos, isto é, de símbolos que realizem plena e conscientemente (individualizem os arquétipos). Em certos períodos da História, como por exemplo no princípio da era cristã e durante a Renascença, apareceram muitos símbolos bons — bons no sentido de que atendiam a muitos aspectos da natureza do homem. Noutros períodos, particularmente no atual século, o simbolismo tende a esterilizar-se e a permanecer unilateral. Os símbolos modernos, em grande parte consistentes em máquinas, armas, tecnologia, corporações internacionais e sistemas políticos, são expressões da sombra e da persona e descuram os demais aspectos da psique. Jung esperava ardentemente que a humanidade criasse símbolos melhores (unificadores) antes de se destruir numa guerra.

O simbolismo da Alquimia atraiu Jung, que nele viu um esforço que visava a abarcar todos os aspectos da natureza do homem e a fundir numa unidade as forças opostas. A mandala do círculo mágico é o símbolo principal deste eu transcendente.

103

Em última análise, os símbolos são representações da psique; são projeções de todos os aspectos da natureza humana. Além de expressar a sabedoria humana racial e individualmente adquirida e armazenada, podem representar também os níveis de desenvolvimento, os quais são predestinações da futura condição do indivíduo. O destino do homem e a evolução futura de sua psique estão estabelecidos nos símbolos. No entanto, o homem não tem uma ciência direta do conhecimento contido num símbolo; é preciso que decifre o símbolo usando o método do desenvolvimento para lhe descobrir a importante mensagem.

Os dois aspectos de um símbolo, um retrospectivo e guiado pelos instintos, o outro prospectivo e guiado pelas metas supremas da personalidade transcendente, constituem as duas faces de uma mesma moeda. Pode-se analisar um símbolo usando qualquer das duas faces da moeda. A análise retrospectiva expõe a base instintiva de um símbolo e a análise prospectiva revela os anseios da humanidade que aspira à plenitude, ao renascimento, à harmonia, à purificação, etc. A primeira é uma análise de tipo causal, redutivo; a segunda é teológica e finalista. Ambas são necessárias para a completa elucidação do símbolo. Jung pensava que o caráter prospectivo de um símbolo vem sendo descurado em benefício da concepção que afirma ser o símbolo apenas um produto dos impulsos instintivos e dos desejos que lutam para se afirmar.

A intensidade psíquica de um símbolo é sempre maior que o valor da causa que o produziu. Quer isto dizer que por trás da criação de um símbolo há uma força que impele e uma força que atrai. O impulso é fornecido pela energia instintiva e a retração pelas metas transcendentais. Nenhuma destas duas forças isoladamente é suficiente para criar um símbolo. Conseqüentemente, a intensidade psíquica de um símbolo é a combinação ou a soma de determinantes causais e finalísticas, sendo portanto maior que o fator causal isolado.

III. SONHOS

Jung leu a *Interpretação dos Sonhos,* de Freud, em 1900, logo depois da publicação do livro, e a ela referiu-se muitas vezes na tese de doutoramento publicada em 1902. Mas, assim como as concepções de Jung sobre a psique acabaram se desviando de modo tão acentuado das de Freud, a ponto de vir ele a se dissociar da psicanálise freudiana e a desenvolver idéias e conceitos próprios, os seus pontos de vista a respeito dos sonhos também passaram a diferir nitidamente dos pontos de vista do psicanalista vienense.

Para Jung, assim como para Freud, os sonhos constituem as mais claras expressões da mente inconsciente. "Os sonhos", escreveu ele, "são produtos imparciais e espontâneos da psique inconsciente... mostram-nos a verdade natural sem adornos." (vol. 10, p. 149) Quando refletimos sobre os nossos sonhos, estamos refletindo sobre a nossa natureza básica.

Nem todos os sonhos são igualmente úteis para tal propósito. Muitos deles dizem respeito às preocupações diárias e lançam pouca luz sobre os aspectos mais profundos da psique do sonhador. Vez por outra, uma pessoa tem um sonho tão distante da própria vida, tão *numinous* (palavra favorita de Jung para designar uma experiência intensamente emocionante), tão estranho e fantástico, que não parece ter ligação com o sonhador. É como uma visita vinda de um outro mundo, como de fato é, sendo este outro mundo o universo subterrâneo do inconsciente. Nos tempos antigos, e até hoje entre alguns povos, estes sonhos eram considerados mensagens dos deuses ou das figuras ancestrais.

Tais sonhos são qualificados por Jung de "grandes". Ocorrem quando existem distúrbios ou deslocamentos no inconsciente, acarretados muitas vezes pela incapacidade de o ego lidar satisfatoriamente com o mundo externo. Pessoas que estão sendo psicanalisadas freqüentemente têm "grandes" sonhos porque o tratamento agita o inconsciente. Baseando-se nos sonhos que lhe foram contados por pacientes alemães após a Primeira Guerra Mundial, Jung profetizou que a "fera loura" estava pronta para irromper a qualquer momento de sua prisão subterrânea trazendo devastadoras conseqüências para o mundo. Esta profecia foi feita muitos anos antes da ascensão de Hitler.

Já registramos que Jung discordou da idéia freudiana básica de que o símbolo é uma representação disfarçada de um desejo reprimido. Para Jung, os símbolos oníricos, como aliás qualquer outro símbolo, são tentativas de individuar a anima, a persona, a sombra e outros arquétipos, e de unificá-los num todo harmonioso e equilibrado. Os sonhos podem, na verdade, mergulhar no passado e reviver antigas lembranças; e o que é mais importante ainda, são — pelo menos alguns deles — projetos para a realização das metas da personalidade em desenvolvimento. Apontam para o futuro, tanto quanto para o passado. São mensagens a ser lidas e guias a ser seguidos. "A função prospectiva ... é uma antecipação no inconsciente de futuras realizações conscientes, algo como um exercício ou esboço preliminar ou um plano de antemão delineado. Seu conteúdo simbólico por vezes esboça a solução de um conflito..." (vol. 8, p. 255) Jung adverte-nos, entretanto, do fato de tratarmos qualquer sonho como prospectivo, porque somente poucos, provavelmente, amoldam-se a este tipo.

Considerando-os de uma outra maneira, os sonhos são compensadores; tentam compensar os aspectos descurados e conseqüentemente indiferenciados da psique, e com isso procuram trazer um equilíbrio que está faltando. "A função usual dos sonhos é a de procurar restaurar o nosso equilíbrio psicológico de modo a produzir um material onírico que restabelece... o equilíbrio psíquico total." (*O Homem e seus símbolos,* 1964, p. 50)

A) SONHOS EM SÉRIE. Foi Jung provavelmente quem primeiro sugeriu que além de se analisar sonhos isolados como faziam os freudianos, dever-se-ia analisar também uma série de sonhos registrados num certo período por um indivíduo. Na verdade, Jung dava pouca importância à interpretação de um sonho isolado e solicitava dos pacientes que mantivessem um cuidadoso registro dos sonhos. Uma série de sonhos são como os capítulos de um livro; cada capítulo acrescenta alguma coisa nova à narrativa total; vistos em conjunto formam um quadro coerente e interligado da personalidade, assim como as peças de um quebra-cabeça, depois de reunidas, formam um quadro. Além disso, uma série de sonhos revela os temas recorrentes e, portanto, as principais preocupações da mente sonhadora. Utilizamos o método dos sonhos em série com grande proveito em nossas investigações de sonhos. (Hall, 1966; Hall e Lind, 1970; Bell e Hall, 1971; Hall e Nordby, 1972)

Aqui vão alguns exemplos da análise de sonhos em série feita de acordo com a orientação junguiana. Um engenheiro que manteve um registro dos sonhos por vários anos (estava com trinta anos) sonhava reiteradamente que estava tendo relações sexuais íntimas com algumas mulheres amigas. Embora casado, sua vida sexual era praticamente nula, com a ressalva das freqüentes masturbações, acompanhadas das mesmas fantasias de quando dormia. Antes do casamento, não havia tido relações sexuais de espécie alguma, e na vida de casado não teve casos com nenhuma outra mulher; as relações com a esposa iam-se tornando cada vez mais insatisfatórias. Por insistência dela, submetera-se a uma vasectomia, provavelmente para evitar que o casal tivesse mais filhos.

Os numerosos sonhos sexuais, muitos dos quais bastante realistas, pormenorizados e intensos, constituíam uma compensação ao que lhe faltava na vida desperta. Eram indiscutivelmente realizações de desejos no sentido freudiano; mas, para um junguiano, indicavam o motivo pelo qual não conseguia obter satisfação. Durante toda a sua vida inibira ou renunciara ao lado sombrio da personalidade. Era um homem trabalhador, um intelectual que adotara um código moral que impunha coerções aos impulsos naturais. Conseqüentemente, atormentavam-no as fantasias sexuais durante o dia e os sonhos sexuais durante a noite. Os sonhos procuravam dizer-lhe que não poderia ignorar uma parte de sua natureza sem mutilar a existência. Tal repressão teve, na verdade, efeitos desastrosos sobre o casamento, o trabalho e as relações pessoais. Seus sonhos sexuais revestiam-se de uma grosseira qualidade compulsiva, característica de uma sombra indiferenciada.

Uma jovem, cujo casamento fora mal sucedido, sonhava com freqüência que estava lutando com homens e sendo atacada por eles. Suas relações com os homens, quando desperta, eram também muito insatisfatórias, porque flutuava entre a docilidade e a dominação. Mostrava-se às vezes afetuosa, solícita e carinhosa; outras vezes, sarcástica, egoísta e briguenta. Jung teria enfatizado o fato de ser aquela mulher vítima do animus, do componente masculino de sua personalidade feminina. O que ocorria, em essência, era uma rejeição de sua masculinidade. Ela a encarava como um inimigo em seu íntimo; um corpo estranho a ser destruído, muito embora, evidentemente, não conseguisse formulá-lo conscientemente.

Não conseguia manter relações satisfatórias com os homens quando desperta, nem nos sonhos, porque eles eram, para ela, a encarnação da própria e odiada masculinidade. Quando o animus se afirmava, quer ela estivesse adormecida ou desperta, seu comportamento compensava de modo exagerado a parte descurada. Mostrava-se excessivamente masculina, isto é, por demais afirmativa. Depois, ocorria uma oscilação para o lado da docilidade e uma abjeta submissão. Tornava-se uma caricatura da feminilidade, exatamente como fora anteriormente uma caricatura da masculinidade.

Suas relações sexuais eram insatisfatórias por considerar o ato sexual uma invasão do corpo pelo elemento masculino. Tinha consciência de tal sentimento; o que não sabia conscientemente — e que os sonhos, no entanto, sabiam — é que temia a invasão da psique pelo próprio animus. Fora ameaçada, reiteradas vezes, por seu animus primitivo e subdesenvolvido. Seu mau relacionamento com os homens resultava do mau relacionamento com o animus. A psicologia junguiana afirma em essência que o indivíduo deveria olhar sempre para dentro da psique, em busca das respostas para os relacionamentos com outras pessoas, porque projetamos nelas os nossos estados psíquicos.

A rejeição da masculinidade começara na infância quando a mãe a submetia a um constante bombardeio de críticas e invectivas dirigidas aos homens. Era odiosa a imagem da masculinidade gravada em sua mente. As experiências com homens · confirmaram-lhe esta imagem, tornando-se ainda mais forte a rejeição do próprio animus.

Ao mesmo tempo, a mãe vivia enfatizando a importância de ser uma "verdadeira dama". Tal concepção espúria da psique feminina passou a constituir-lhe a máscara (persona). A aparência desalojou a natureza.

Jung faz-nos lembrar de que os conflitos externos — neste caso, conflitos com os homens — são sempre e inevitavelmente projeções da desarmonia existente na personalidade. Não se podem curar os conflitos tratando os sintomas exteriores; as desarmonias internas devem ser enfrentadas para que melhorem os conflitos exteriorizados. Não se pode, em suma, fugir à realidade básica dos arquétipos que constituem o âmago da personalidade. "Tudo começa com o indivíduo."

Um homem de negócios, cujos sonhos foram por nós analisados, resolveu seu problema de anima de maneira pouco habitual. Desde tenra idade compreendera que vivia dentro dele uma outra pessoa, de caráter feminino. Chegava a dar a esta outra personalidade um nome de mulher. Mas ele também era dotado de um caráter masculino igualmente forte. A solução encontrada foi viver como homem durante o dia em companhia dos associados nos negócios, e como mulher quando voltava para casa, à noite, depois do trabalho. A esposa não se limitou a tolerar a transformação: chegou a encorajá-la mostrando-lhe como vestir-se, arrumar-se, falar e comportar-se de maneira feminina. Eram como duas irmãs. Em suas relações sexuais com ela, entretanto, ele se comportava como homem.

A partir do estudo dos sonhos de um molestador de crianças, chegamos à conclusão de que ele próprio era uma criança. Jamais crescera. Era uma criança que brincava de sexo com outras crianças. Em termos junguianos, era uma vítima do arquétipo infantil. O arquétipo infantil dominou-lhe a mente porque este indivíduo teve uma mãe superprotetora e um pai sedutor.

Jung não aceitava o emprego de um simbolismo *fixo,* ou de uma aproximação inspirada em livros de sonhos, na interpretação dos sonhos. Muita coisa depende das circunstâncias individuais e do estado mental do sonhador. A idade, o sexo e a raça do sonhador, por exemplo, devem ser levados em conta quando se analisa um elemento particular de um sonho. Um mesmo elemento pode ter significados diferentes para diferentes pessoas, assim como significados diferentes para uma mesma pessoa em ocasiões diferentes. Jung preferia manter um espírito aberto a respeito do significado de um sonho. Não tentava forçá-lo a encaixar-se num molde teórico preconcebido.

Jung achava que, ao se tentar descobrir o significado de um sonho, seria preciso permanecer preso ao sonho e não se deixar levar pelas associações livres do sonhador. As associações livres, considerava Jung, permitem muitas vezes que o sonhador fuja ao objetivo da compreensão do sonho fornecendo assuntos irrelevantes. Por outro lado, o desenvolvimento dos elementos oníricos mantém o sonhador estreitamente ligado ao sonho.

Quando se sabe que Jung, segundo as próprias estimativas, analisou e interpretou nada mais nada menos que 80.000 sonhos na sua vida profissional, torna-se fácil compreender por que motivo é ele considerado um dos maiores entendidos em sonhos em todos os tempos. O mesmo pode-se dizer do seu conhecimento do simbolismo, que foi extremamente amplo e profundo. Não nos esqueçamos, entretanto, de que o seu estudo dos sonhos e dos símbolos o levou à descoberta do inconsciente coletivo e dos arquétipos. Foi esta a sua suprema realização.

REFERÊNCIAS

BELL, A. P., e HALL, C. S. *The Personality of a Child Molester: An Analysis of Dreams*. Chicago, Ill.: Aldine-Atherton, 1971.
HALL, C. S. *The Meaning of Dreams*. Nova York, McGraw-Hill, 1966.
HALL, C. S. e LIND, R. E. *Dreams, Life, and Literature: A Study of Franz Kafka*. Chapel Hill, N. C.: University of North Carolina Press, 1970.
HALL, C. S. e NORDBY, V. J. *The Individual and His Dreams*. Nova York, New American Library, 1972.
JUNG, C. G. *Collected Works*. Princeton, N. J.: Princeton University Press.
Vol. 5. *Symbols of Transformation*.
Vol. 7. *Two Essays on Analytical Psychology*.
Vol. 8. *The Structure and Dynamics of the Psyche*.
Vol. 10. *Civilization in Transition*.
Vol. 12. *Psychology and Alchemy*.
JUNG, C. G. *Man and His Symbols*. Garden City, N. Y.: Doubleday, 1964.

Capítulo sete

O LUGAR DE JUNG NA PSICOLOGIA

Neste último capítulo, gostaríamos de discutir a posição de Jung com respeito a algumas questões de grande relevância para a Psicologia e para a sociedade. Até bem pouco tempo, a Psicologia empenhava-se em ser uma ciência de laboratório, tal como a Física e a Fisiologia. Quer isto dizer que os psicólogos tentavam compreender os fenômenos mentais e o comportamento realizando experimentos sob controle, em laboratório. Variando sistematicamente as condições, determinar-se-iam as variáveis importantes para a produção de um tipo particular de comportamento. A meta da Psicologia científica é a formulação de leis gerais do comportamento, expressas em termos matemáticos.

Enquanto os psicólogos trabalhavam para estabelecer a ciência da Psicologia, a Psiquiatria firmava-se como ramo da Medicina. A tarefa da Psiquiatria era o tratamento de pacientes mentalmente doentes, muito embora tenha-se tornado evidente desde logo que muitos dos que buscavam a ajuda dos psiquiatras não estavam doentes no sentido habitual da palavra. Eram simplesmente seres humanos infelizes, insatisfeitos e angustiados. Os remédios e a cirurgia não podiam ajudá-los.

O que necessitava o psiquiatra era de um conhecimento da mente, do mesmo modo como os outros ramos da Medicina precisavam de um conhecimento do corpo. A Psicologia científica não lhes proporcionava o tipo adequado de conhecimento e compreensão da mente humana, tão necessários para a prática da Psiquiatria. Eles foram forçados, por conseguinte, a se tornar psicólogos de si mesmos. Em lugar de colher e reunir informações a respeito do comportamento e da personalidade humanos em experiências de laboratório, obtiveram-nas nos próprios consultórios. Ouviram, observaram, questionaram e analisaram tudo o que os pacientes faziam e diziam. Tiraram conclusões ou chegaram a interpretações que puseram à prova, confrontando-as com as próprias observações. Depois de proceder desta maneira com um certo número de pacientes, começaram a formular conceitos referentes à psique e a ajustar tais conceitos congregando-os numa teoria psicológica geral. De modo que, por um lado, havia uma Psicologia que se desenvolveu a partir do laboratório; e, por outro lado, uma Psicologia que foi um produto da prática psiquiátrica. Nos últimos tempos, estas duas psicologias começaram a se combinar para formar uma única Psicologia. As formulações dos psiquiatras estão sendo testadas em laboratório ou em situações naturais, e as formulações da Psicologia científica têm sido postas à prova em situação terapêutica. Não é uma tarefa fácil passar as concepções da clínica para o laboratório ou viceversa. O psicoterapeuta preocupa-se com o indivíduo e com a sua personalidade total, e percebe muitas vezes que o psicólogo de laboratório só se interessa por processos psicológicos específicos, tais como a percepção, o aprendizado e a memória, além de se interessar pelo homem estatisticamente médio. O psicólogo de laboratório acusa o terapeuta de não agir cientificamente e de basear suas generalizações subjetivas em algumas poucas pessoas "doentes". Os conceitos de Jung são particularmente difíceis de ser estudados em laboratório, e com freqüência lhe inculcam a pecha de "místico" em virtude do seu interesse pelo oculto. Talvez se encontre uma resposta para a acusação na seguinte declaração escrita por ele em 1930:

"O ocultismo vem conhecendo em nossos tempos um renascimento sem paralelo — *a luz da mente ocidental está sendo por ele quase que obscurecida.* Não estou pensando neste momento nos bancos escolares nem em seus representantes. Como médico que lida com pessoas comuns, sei que as universidades deixaram de agir como disseminadoras de luz. As pessoas estão cansadas da especialização científica, do racionalismo e do intelectualismo. Querem ouvir verdades que ampliem mais do que restrinjam, que não obscureçam mas que esclareçam, que não se lhes escape como água e sim que nelas penetrem até a medula. *Com muita probabilidade, esta busca está destinada a desencaminhar um público muito grande, ainda que anônimo.*" (vol. 15, p. 58; o grifo é nosso)

Jung colheu os seus conhecimentos de Psicologia ao tratar com pacientes e no contato com eles, embora no início da carreira e durante algum tempo fizesse experiências de laboratório. Ele escreveu: "Eu sou antes e acima de tudo um médico e um psicoterapeuta clínico, e todas as minhas formulações psicológicas baseiam-se na experiência conquistada ao longo de um árduo trabalho profissional cotidiano". (vol. 6, p. xiii)

A Psicologia junguiana também encontrou apoio em fontes exteriores ao seu consultório médico. Tais fontes incluíam observações de outras culturas e estudos comparados de religião e mitologia, simbolismo, alquimia e ocultismo. Deixou bem claro, entretanto, que estas fontes eram secundárias. "A teoria da estrutura da psique não decorreu dos contos de fadas e dos mitos, estando pelo contrário fundamentada em observações empíricas feitas no campo da pesquisa médico-psicológica, e só secundariamente foi corroborada pelo estudo da simbologia comparada, em esferas muito distantes da prática médica habitual." (vol. 9i, p. 239) Ele percebia que o método comparativo utilizado em História, Antropologia, Arqueologia, Anatomia Comparada e em outras disciplinas era um método científico perfeitamente válido.

No entanto, Jung não considerava que deveríamos permanecer presos a um método qualquer, assim como não deveríamos ficar presos a uma única teoria. Ele escreveu: "Em Psicologia, as teorias são um verdadeiro inferno. É bem verdade que precisamos de alguns pontos de apoio em vista do seu valor orientador e heurístico (de guia); mas deveriam ser considerados como meros conceitos auxiliares a ser postos de lado a qualquer momento. São ainda tão restritos os nossos conhecimentos a respeito da psique, que seria grotesco supor já estarmos suficientemente adiantados para formular teorias gerais. Ainda não determinamos nem mesmo a extensão empírica da fenomenologia da psique (experiências); como podemos então sonhar com teorias gerais? Não há dúvida de que a teoria é o melhor dos mantos para a falta de experiência e para a ignorância, mas as conseqüências são deprimentes: (são elas) o fanatismo, a superficialidade e o sectarismo científico". (vol. 17, p. 7)

E assim como recusava aderir exclusivamente a um método qualquer ao proceder às observações empíricas, também não recomendava o uso exclusivo deste ou daquele método psicoterápico. É por isso que não existe nenhum método terapêutico junguiano padronizado. Ele lançava mão de quaisquer métodos, ou métodos, que lhe parecessem adequados ao paciente de que estivesse tratando. Recorria por vezes a uma abordagem freudiana, outras vezes à adleriana, e outras vezes ainda a métodos que ele próprio desenvolvia. Os seus métodos pessoais incluíam a interpretação dos sonhos, o método da imaginação ativa, no qual o paciente concentrava-se na formação de imagens, na pintura, no desenvolvimento dos símbolos, e no teste de associação das palavras. Variava igualmente o número de vezes que recebia o paciente durante a semana, de acordo com o estado deste último. Sempre que possível, procurava reduzir o número das entrevistas e encorajava o paciente a assumir uma responsabilidade cada vez maior pela própria análise. A sua flexibilidade e a largueza do seu espírito constituíram um dos seus grandes trunfos como psicoterapeuta e investigador da psique. Não queria que a Psicologia analítica se transformasse num conjunto rígido de princípios e métodos ortodoxos. "Quanto mais profundamente penetrarmos na natureza da psique, mais firme tornar-se-á em nós a convicção de que a diversidade, ou a multidimensionalidade da natureza humana, impõe uma maior variedade possível de pontos de vista e de métodos para atender à variedade das disposições psíquicas." (vol. 16, p. 9)

A "variedade dos pontos de vista" da psicologia junguiana talvez seja um dos motivos pelos quais os psicoterapeutas junguianos não constituem maioria! Os métodos propostos por Jung abrangem um conhecimento extremamente diversificado da humanidade, ou mais precisamente: o terapeuta junguiano deve possuir um "conhecimento universal" do homem para poder compreender cada paciente no próprio contexto. Por nos parecer assim tão complexa, por possuir tantas capacidades e permitir um tão grande número de abordagens diferentes é que a psicoterapia junguiana faz-se tão valiosa!

Os pontos de vista de Jung sobre a natureza da Ciência também foram muito amplos. A atmosfera científica a que ele se viu exposto quando estudante estava impregnada da idéia de *causalidade*. Tudo tinha uma causa. Em psicoterapia, isto significava que se buscava localizar na vida pregressa do paciente a causa de suas dificuldades presentes. A insistência de Freud sobre a prioridade dos traumas da infância entre as causas das neuroses dos adultos era um exemplo do ponto de vista causal. Jung não rejeitava a idéia de causalidade. Ele também reconhecia, pelo contrário, a validade de uma outra orientação científica. A esta orientação deu-se o nome de *teleologia* ou *finalismo*. Aplicada à psicologia, ela significa, com efeito, que o comportamento presente do homem é determinado pelo futuro. As metas futuras, assim como os acontecimentos passados, precisam ser levados em conta para se compreender o comportamento de uma pessoa. Muitas das idéias de Jung referentes ao desenvolvimento da psique são finalísticas, no sentido de que elas constituem metas — individuação, integração, e realização do eu, por exemplo — para as quais está voltada a personalidade em desenvolvimento. Existe uma intencionalidade no comportamento, embora ela nem sempre se manifeste necessariamente na consciência. Até mesmo os sonhos atendem a uma função prospectiva; eles são imagens das futuras linhas de desenvolvimento, tão freqüentemente quanto representam imagens de lembranças passadas.

Jung compreendeu a necessidade de adotar, em Psicologia, essas duas atitudes: a da causalidade e a da teleologia. Ele escreveu: "Por um lado, ela (a mente) fornece um quadro dos resquícios e vestígios de tudo que foi, e por outro lado, porém expressos nesse mesmo quadro, os delineamentos do que está por vir, na medida em que a psique cria o seu próprio futuro". (vol. 3, pp. 184-185)

A teleologia não foi, e ainda não é, uma idéia aceitável para muitos cientistas; mas, como já vimos, Jung não se deixava influenciar pelo consenso. Estava sempre disposto a considerar qualquer idéia, por mais impopular que fosse, e a aplicá-la em seu trabalho. Jung era um pragmático. Se uma idéia podia ser eficaz e ajudá-lo a compreender e beneficiar seus pacientes, ele a utilizava.

Jung salientou que, afinal de contas, a causalidade e o finalismo são modos arbitrários de pensar empregados pelo cientista para ordenar os fenômenos observáveis. A causalidade e a teleologia não são encontradas na natureza.

Jung também chamou a atenção para outro valor prático da atitude finalista quando trabalhamos com pacientes. Uma atitude puramente causal tende a produzir sentimentos de resignação e desespero num paciente, visto como, do ponto de vista da causalidade, ele é um prisioneiro de seu passado. Já está feito o dano, sendo difícil e por vezes impossível remediá-lo. A atitude finalística dá esperanças ao paciente e lhe oferece alguma coisa pela qual ele possa lutar.

Anos mais tarde, Jung propôs um princípio que não era nem a causalidade nem o finalismo. Ele o denominou *sincronicidade*. Este princípio se aplica a acontecimentos que ocorrem concomitantemente sem, no entanto, ser causa um do outro; por exemplo, quando um pensamento corresponde a um acontecimento objetivo. Quase todos passaram por estas coincidências. Pode-se estar pensando numa pessoa e eis que essa pessoa aparece; ou chega uma carta por ela enviada; ou então sonha-se que um amigo ou parente está doente ou morreu e recebe-se mais tarde a notícia de que o acontecimento em questão ocorreu no momento exato do sonho. Jung aponta igualmente a vasta literatura existente sobre telepatia, clarividência e outros tipos de fenômenos paranormais, dando-a como prova da necessidade de invocar um princípio sincrônico em Psicologia. Ele achava que muitas dessas experiências, que nos deixam tão embasbacados sempre que ocorrem, não podem ser explicadas como coincidências ocasionais; elas sugerem, pelo contrário, a existência no universo de um outro tipo de ordem além do descrito pela causalidade. Ele aplicou a sincronicidade ao conceito dos arquétipos, e sustentou que um arquétipo pode-se expressar psiquicamente numa pessoa e expressar-se ao mesmo tempo fisicamente no mundo exterior. O arquétipo não provoca os dois acontecimentos; dir-se-á antes que um acontecimento é paralelo ao outro.

Os psicólogos, particularmente os que lidam com pacientes, são propensos a se fazer críticos sociais. Isto se explica porque os erros da sociedade se revelam claramente e se ampliam nas existências das pessoas que necessitam de tratamento psicológico e o procuram. Jung, como já ficou anteriormente registrado, poderia ser um crítico desapaixonado da sociedade contemporânea. Seus sentimentos eram por vezes demasiadamente pessimistas; ele então expressava seus pontos de vista com um sarcasmo mordaz. Aqui vai um exemplo: "A que nos levaram todas as nossas realizações culturais? A assustadora resposta está diante de nossos olhos: o homem não se livrou de nenhum medo: um hediondo pesadelo paira sobre o mundo. Até agora, a razão tem falhado lamentavelmente e aquilo mesmo que todos desejam evitar continua a se desenvolver numa progressão horrorosa. O homem efetuou uma profusão de invenções úteis mas, para contrabalançá-las, escancarou o abismo — e o que há de ser dele agora? Onde poderá fazer uma parada? Depois da última Guerra Mundial, esperávamos que predominasse a razão; continuamos a esperar. Mas já estamos sendo fascinados pelas possibilidades da fissão do átomo e nos prometemos uma Idade de Ouro — a mais segura garantia de que a abominação da desolação vai-se desenvolver para chegar a dimensões ilimitadas. E quem, ou o quê, está causando isto tudo? Simplesmente esse inofensivo (!), engenhoso, inventivo e docemente razoável espírito humano que continua, por desgraça, insondavelmente inconsciente do demonismo que até hoje se prende a ele. Pior ainda, esse espírito faz o que pode para evitar olhar-se de frente, e nós todos o ajudamos como loucos. Só que, Deus nos guarde da Psicologia! — essa depravação pode nos levar ao conhecimento de nós mesmos! Façamos guerras, pelas quais sempre haverá alguma outra pessoa que possamos responsabilizar, sem que ninguém veja que o mundo todo está sendo arrastado para aquilo de que todo mundo foge justamente, aterrorizado". (vol. 9i, p. 253) Isto foi escrito em 1948; poderia ter sido escrito hoje se Jung ainda fosse vivo.

Jung nem sempre estava de humor tão pessimista. Ele havia trabalhado com um número suficiente de pacientes que haviam conseguido tirar suas existências do fundo do abismo; sabia portanto que, a despeito de seu demônio interior e de sua projeção no mundo, o indivíduo é capaz de alcançar a fortaleza de ânimo e a retidão. "O principal objetivo da psicoterapia", escreveu ele, "não é transportar o paciente para um impossível estado de felicidade mas sim ajudá-lo a adquirir firmeza e paciência filosófica diante do sofrimento." (vol. 16, p. 81) Mas, de tcdas as declarações de Jung sobre a questão do homem, a seguinte é a que provavelmente expressa com mais eloqüência a coragem-de-ser.

"A personalidade é a suprema realização da idiossincrasia inata de um ser vivo. É um ato de alta coragem atirado à cara da vida, a afirmação absoluta de tudo que constitui o indivíduo, a mais bem sucedida de todas as adaptações às condições universais da existência, combinada com a maior liberdade possível de autodeterminação." (vol. 17, p. 171)

Qual o futuro da psicologia junguiana? Virá a adquirir uma influência maior sobre a Psicologia, coisa que não acontece atualmente? Exercerá um impacto crescente sobre o mundo das idéias? Ou mergulhará no esquecimento de uma nota de pé de página nos livros de História? As predições são sempre perigosas. Nós já declaramos nossa opinião de que as idéias de Jung estão recebendo maior atenção, sobretudo por parte dos jovens. Se isto representa um capricho passageiro que será esquecido ou se anuncia uma tendência mais permanente do pensamento das pessoas, é coisa que não podemos dizer. Esperamos que esta última hipótese venha a provar que é a certa. As profecias por vezes se auto-realizam, o que significa que o simples fato de formular uma profecia faz com que ela se torne uma realidade. Nós esperamos ardorosamente que nossa profecia venha a se realizar pois sentimos que os escritos de Jung constituem uma sementeira de idéias importantes, à espera de que a humanidade as reconheça.

Ler Jung constitui uma experiência única. A princípio, pode-se deixar de compreender este fato; mas isto com toda a certeza ficará claro depois que se tiver lido alguns de seus artigos e livros. O leitor de repente descortinará que Jung, esse homem solitário, escreveu com lógica e bom senso, com paixão e compaixão a respeito das verdades fundamentais do espírito humano. Vezes sem conta, o leitor há de experimentar o "choque do reconhecimento"; ele reconhecerá verdades que já conhecia mas que não tinha sido capaz de traduzir em palavras. Sentir-se-á igualmente aturdido, como aconteceu conosco, diante do número de idéias de Jung que anteciparam as dos escritores que vieram depois dele. Muitas das novas tendências da Psicologia e de matérias afins são devidas a Jung, que foi o primeiro a lhes dar um novo rumo.

Os escritos de Jung representam uma fonte inexaurível de sabedoria e inspiração, à qual podemos voltar continuamente para aprender alguma coisa nova a respeito de nós mesmos e do mundo. Eis porque ler Jung constitui uma experiência singularmente enriquecedora e reanimadora.

REFERÊNCIAS

JUNG, C. G. *Collected Works*. Princeton, N. J.: Princeton University Press.
    Vol. 3. *Phe Psychogenesis of Mental Disease*.
    Vol. 6. *Psychological Types*.
    Vol. 9i. *The Archetypes and the Collective Unconscious*.
    Vol. 15. *The Spirit in Man, Art and Literature*.
    Vol. 16. *The Practice of Psychoterapy*.
    Vol. 17. *The Development of Personality*.

UM GUIA PARA SE LER JUNG

O primeiro problema com que se defronta o estudante quando se dispõe a ler a psicologia analítica de Jung é descobrir por onde começar e em que ordem prosseguir, depois, a leitura. As obras completas de Jung, na tradução inglesa, compõem-se de dezenove volumes, nos quais não se acham incluídos todos os escritos por ele publicados. Por exemplo: não contém a autobiografia, *Recordações, Sonhos, Reflexões* (Memories, Dreams, Reflexions), nem a última obra por ele publicada *O Homem e Seus Símbolos,* nem a edição privada de *Septem sermonem ad mortuos* ("Sete sermões aos mortos"). Não seria sensato escolher a primeira leitura ao acaso, porque muitos assuntos são extremamente especializados e não interessariam ao leitor principiante.

Por onde começar? As sugestões seguintes poderão ajudá-lo. Elas não pressupõem um vasto conhecimento de Psicologia. Sempre que foi possível encontrar edições brochadas das leituras indicadas, apontamos o fato e demos o nome do editor. O conjunto das obras foi editado pela Princeton University Press. (Na Inglaterra, foi editado por Routledge and Kegan Paul.)

Parece-nos que, como introdução, a melhor maneira de se chegar a Jung será pela leitura das *Recordações, Sonhos e Reflexões.* Este livro pode ser encontrado em edição brochada publicada por Vintage Books, divisão da Random House. Nossa segunda sugestão é o ensaio a que Jung deu o título de "Aproximando-se do Inconsciente" ("Approching the Unconscious"), escrito para o livro *O Homem e Seus Símbolos,* publicado em 1964 pela Doubleday. Existe uma edição brochada, publicada pela Dell. Este livro, que também contém capítulos redigidos por outros psicólogos analíticos de grande projeção, é profusamente ilustrado, sendo que o capítulo de Jung constitui um modelo de clareza. Nós recomendamos os dois trabalhos porque ambos foram redigidos com vistas ao leitor médio, e também por representar uma afirmação final dos pontos de vista de Jung, pois foram redigidos quando a sua vida já se aproximava do fim.

Para uma leitura mais extensa de Jung, sugerimos o conjunto seguinte de trabalhos incluídos nas Obras Completas:

Vol. 6. *Tipos psicológicos.*
Capítulo X, "Descrição Geral dos Tipos", pp. 330-407.
Capítulo XI, "Definições", pp. 408-486.

Vol. 7. *Dois ensaios sobre psicologia analítica* (edição brochada: World Publishing Co.).
"A Psicologia do Inconsciente", notadamente as pp. 40-117.
"As Relações entre o Ego e o Inconsciente".

Vol. 8. *Estrutura e dinâmica da psique.*
"Sobre a Natureza da Psique" (edição brochada: Princeton University Press).
"Os Estágios da Vida".

Vol. 9., I Parte. *Os arquétipos e o inconsciente coletivo.*
"Arquétipos do Inconsciente Coletivo".
"O Conceito de Inconsciente Coletivo".
"A Respeito dos Arquétipos, com Referência Especial ao Conceito de Anima".

Vol. 12. *Psicologia e Alquimia.*
I e II Partes, p. 1-223.

As referências acima proporcionarão uma sólida base de conhecimento da psicologia analítica de Jung. Muitos destes artigos foram reeditados em brochura sob o título de *The Portable Jung*, editado pela Viking Press.

Para o leitor interessado em aprender as concepções de Jung sobre um assunto particular, damos a seguir um roteiro destas obras:

A psicologia do homem primitivo
"Archaic Man", vol. 10, pp. 50-73.

A psicológia das mulheres
"Women in Europe", vol. 10, pp. 113-133.

A psicologia dos americanos
"The Complications of American Psychology", vol. 10, pp. 510-514.

A psicologia da religião
Vol. 11, sobretudo "Psychology and Religion", pp. 5-105; uma série de conferências pronunciadas na Yale University em 1937. (As conferências foram publicadas em brochura: Yale University Press.)

Yoga, Zen-Budismo e I Ching
Vol. 11, pp. 529-608.

Alquimia
Vols. 12, 13 e 14.

A psicologia da arte e da literatura
Vol. 15, pp. 65-141. (Edição brochada: *The Spirit in Man, Art and Literature*, Princeton University Press.)

Psicoterapia
Vol. 15, pp. 65-141.

Educação
"Analytical Psychology and Education", vol. 17, pp. 65-132 (Edição brochada: Princeton University Press.)

Sonhos
Vol. 8, pp. 237-297.

Astrologia
Vol. 8, pp. 453-483.

Mandala
Vol. 9, I Parte, pp. 355-390.

Percepção extra-sensorial
Vol. 8, pp. 421-450.

Teste de associação das palavras
Vol. 2.

Freud
Vol. 4.

Fenômenos ocultos
Vol. 1, pp. 3-88.
Esquizofrenia (dementia praecox)
Vol. 2.

Gostaríamos de fazer uma última sugestão de leitura, que ilustra a maneira de Jung abordar um problema psicológico: "Discos voadores: Um mito moderno de coisas vistas no céu" (vol. 10, pp. 309-433). Existe uma edição brochada publicada pela New American Library.

Jung escreveu muitos livros e artigos mais importantes que este; no entanto, nenhum deles revela tão claramente o critério utilizado por Jung ao se defrontar com essa questão controvertida dos discos voadores. É um artigo de leitura agradável.

COLETÂNEA DE OBRAS DE JUNG

Os dezenove volumes foram editados por *Sir* Herbert Read, Michael Fordham e Gerhard Adler. O organizador foi William McGuire; R.F.C. Hull, o tradutor. Estas obras foram publicadas pela Princeton University Press nos Estados Unidos e pela Routledge and Kegan Paul na Inglaterra.

1. *Psychiatric Studies* (Estudos psiquiátricos)
2. *Experimental Researches* (Pesquisas experimentais)
3. *The Psychogenesis of Mental Disease* (A psicogênese da doença mental)
4. *Freud and Psychoanalysis* (Freud e a psicanálise)
5. *Symbols of Transformation* (Símbolos de transformação)
6. *Psychological Types* (Tipos psicológicos)
7. *Two Essays on Analytical Psychology* (Dois ensaios sobre psicologia analítica)
8. *The Structure and Dynamics of the Psyche* (Estrutura e dinâmica da psique)
9. I Parte. *The Archetypes and the Collective Unconscious* (Os Arquétipos e o inconsciente coletivo)
   II Parte. *Aion: Researches into the Phenomenology of the Self* (Aion: Pesquisas sobre a fenomenologia do Eu)
10. *Civilization in Transition* (Civilização em transição)

11. *Psychology and Religion: West and East* (Psicologia e religião: Ocidente e Oriente)
12. *Psychology and Alchemy* (Psicologia e alquimia)
13. *Alchemical Studies* (Estudos alquímicos)
14. *Mysterium Coniunctionis*
15. *The Spirit in Man, Art and Literature* (O espírito no homem, na arte e na Literatura)
16. *The Practice of Psychoterapy* (A prática da psicoterapia)
17. *The Development of Personality* (O desenvolvimento da personalidade)
18. *Miscellany* (Miscelânea)
19. *Bibliography and Index* (Bibliografia e Índice)

LEITURAS RECOMENDADAS

DRY, AVIS M. *The Psychology of Jung.* Nova York: Wiley, 1961.

FORDHAM, FRIEDA. *An Introduction to Jung's Psychology.* Londres, Penguin Books, 1953.

JACOBI JOLANDE. *Complex, Archetype, Symbol in the Psychology of C. G. Jung.* Nova York: Pantheon Books, 1959.

PROGOFF, I. *Jung's Psychology and Its Social Meaning.* Nova York: Julian, 1953.

SERRANO, M. C. *Jung and Herman Hesse.* Londres: Routledge and Kegan Paul, 1966.

WEHR, G. *Portrait of Jung.* Nova York: Herder and Herder, 1971.

PSICOLOGIA INTEGRAL

Consciência, Espírito,
Psicologia, Terapia

Ken Wilber

A meta de uma "psicologia integral" é levar em conta e abarcar todos os aspectos legítimos da consciência humana. Este livro apresenta um dos primeiros modelos realmente integrativos da consciência, da psicologia e da terapia. Fundamentando-se em centenas de fontes orientais e ocidentais, antigas e modernas, Wilber cria um modelo psicológico que inclui ondas e correntes de desenvolvimento, estados de consciência e do eu, e analisa o curso de cada um deles, desde o subconsciente, passando pelo autoconsciente e indo até o superconsciente.

Psicologia Integral é o trabalho sobre psicologia mais ambicioso de Wilber até agora, e já está sendo chamado de marco no estudo do desenvolvimento humano.

EDITORA CULTRIX

JUNG e o TARÔ

Sallie Nichols

O Tarô é um dos grandes espelhos do pensamento inconsciente. Cada uma de suas cartas tem por base uma importante imagem arquetípica cujo significado nem sempre é claro para o homem moderno, que jogou fora seus mitos ao querer interpretá-los literalmente. Os arquétipos não são literais: são mensagens do inconsciente. Cada uma das cartas do Tarô é uma mensagem da mente universal. Mas como nossa mente inconsciente está divorciada do consciente — a mente literal — e costuma ser por ele ignorada, essa mensagem se perde. As explanações arquetípicas do Tarô, feitas por Sallie Nichols, fazem com que as imagens e, muitas vezes, as respostas às nossas perguntas mais profundas venham à tona.

Aluna de Jung no Instituto de Zurique, a autora é profunda conhecedora do pensamento junguiano. Usando suas teorias sobre individuação, arquétipo, sincronicidade e imaginação ativa, Sallie Nichols analisa cada carta do Tarô de Marselha como uma representação das diferentes etapas da jornada do indivíduo rumo à transformação e à integração de si mesmo.

Quem quer que sinta o mais remoto interesse pelo poder que a imagem tem para estimular a psique encontra em *Jung e o Tarô* um roteiro rumo ao reino onde a imagem, a psique e a alma descobrem sua origem e sua finalidade.

EDITORA CULTRIX

JUNG E A INTERPRETAÇÃO DOS SONHOS

James A. Hall

Os sonhos, chamados, por alguns, de língua esquecida de Deus e, por outros, de mensagens do demônio, durante muito tempo foram considerados bons ou maus preságios do futuro. A crença moderna, porém, de que estão diretamente relacionados com a psicologia de cada um, e com as atitudes e padrões de comportamento de quem sonha, deve-se ao trabalho pioneiro do psiquiatra suíço C. G. Jung, que introduziu a idéia de que nos sonhos o inconsciente emerge de uma forma muito clara.
Este é um guia prático e abrangente para a compreensão dos sonhos com base nos princípios da Análise Psicológica de Jung.
Aqui, o modelo da psique segundo Jung é discutido de forma concisa, com muitos exemplos clínicos de sonhos e do modo como eles podem ser interpretados em seu contexto.
Atenção particular é dada aos temas comuns e repetidos nos sonhos (quedas, perseguições, casas, carros, mortes, mágoas, casamentos, o fim do mundo, os símbolos sexuais etc.), Aos sonhos traumatizantes, à função intencional e compensatória dos sonhos, aos sonhos que prognosticam doenças ou mudanças físicas e ao modo como os sonhos estão relacionados com a etapa da vida e com o processo de individuação de quem sonha.
O autor, dr. James A. Hall, estudou na Universidade do Texas e no Instituto C. G. Jung, de Zurique. Atualmente, é psiquiatra e analista junguiano em Dallas, onde é professor clínico associado de psiquiatria na Medical School de Southwestern.

EDITORA CULTRIX

Impresso por :

gráfica e editora

Tel.:11 2769-9056